华夏文库·民俗书系

幡鼓齐动进香来
老北京的香会

张青仁　编著

大地传媒　中州古籍出版社

《华夏文库》发凡

毫无疑问,每一个时代都有属于自己时代的精神追求、文化叩问与出版理想。我们不禁要问,在 21 世纪初叶,在全球文明交融的今天,在信息文明的发轫初期,作为一个中国出版人,我们正在或者将要追求什么?我们能够成就或奉献什么?我们以何种方式参与全球化时代的文化传播进程?在一连串的追问下,于是,有了这套《华夏文库》的出版。

自信才能交融。世界各大文明在坚守自身文化个性的同时,不约而同地加快了探视其他文化精神内涵的步伐,世界不同文明正在朝着了解、交流、碰撞、借鉴与融合的方向前进。在此背景下,建立自身的文化自信,正是与世界各文明民族进行文化交流的基本要求。五千年中华文明与文化正在不断地被其他文明所发现、所挖掘、所认知,汉语言正在生长为世界语言,儒文化正在世界各地生根发芽。

借助这样一种正在成长着的文化自信、自觉、开放、亲和之力,用我们这个时代的学术眼光全面系统梳理中华五千年的文明与文化,向其他各大文明与文化圈正面展示自我,让中华优秀文化成为世界文化的重要组成部分,正是我们出版这套文库的目的之一。此其一。

知己才能知彼。身处五千年文化浸润的今天,重新思考我们先人的人生思考、价值思考与哲学思考,找到一个民族、一个国家的价值所在、立命所在、安身所在，这已经是我们这个时代的学人与出版人不得不再思考的问题。作为中华文明的一分子，我们在思考的同时，还必须了解我们的先人创造了如何优秀的精神文明与物质文明以及社会文明。只有熟知自己的文化，热爱自己的文化，悟明自己的文化，我们才能宣说自己、弘扬自己、光大自己。因此，我们策划组织这套《华夏文库》的初衷，还在于让当下的知识青年全面系统瞭望中华文明与文化的全景，并借此能够对更为深广的世界各民族文化提供一个比较认知的基础。此其二。

顺势才能有为。我们正处在农耕文明、工业文明、信息文明的交汇处，信息文明带领我们从读纸时代进入读屏时代，以智能手机屏幕为代表的书籍呈现方式正在与纸质书籍争夺阅读时间与空间。我们正在领悟数字技术，正在以信息文明的视角，去整理、分析和研究农耕文明与工业文明的文化遗产，不仅仅是为了唤醒优秀的传统文化，我们还在生发和原创着当今时代的文化。由此，我们试图架起一座桥梁——由纸质呈现而数字呈现，由数字呈现而纸质呈现，以多媒介的书籍呈现方式，将文字、图像、声音与视频四者结合，共同筑成《华夏文库》以奉献给信息文明时代的新读者。此其三。

总之，这是一套——专家大家名家写小书；以最小的阅读单元，原创撰写中华精神文化、物质文化与社会文明系列主题与专题；以图文、音视频多媒介呈现的方式，全面介绍与传播中华文明与优秀文化，系统普及与推介中华文明与文化知识；主旨是为了让世界与中国共同了解中国的——大型丛书，借此，复兴文化，唤起精神，融入世界。

耿相新
2013 年 6 月 27 日

《华夏文库·民俗书系》序

《民俗书系》是中原出版传媒集团一项浩大工程《华夏文库》的一个重要组成部分，分为十个系列：生产贸易民俗系列，衣食住行民俗系列，社会家庭民俗系列，人生仪礼民俗系列，生态、科技民俗系列，信仰民俗系列，岁时节令民俗系列，语言文学民俗系列，民间游乐民俗系列和民间艺术系列，涉及民俗文化的所有方面。这是一套具有相当规模的民俗类丛书。第一期约300本，每个省、直辖市10本左右。以后还有第二期、第三期。从数量上看，这套书在民俗文化呈现的广度方面是前所未有的。

有规模，成体系，才能产生深刻而广泛的社会效应。就民俗文化而言，一两本书，做得再精致，影响也是有限的。只有达到一定规模，才能全面、系统而又细致地展现中国各民族各地区丰富灿烂的民俗文化。中国幅员广阔、民族众多，以往民俗文化的呈现都是局部的，有很大的局限性，而《民俗书系》是对中华各民族民俗文化全方位的展示，超越了已出版的任何一套民俗丛书。这有助于对中华各民族民俗文化进行整体关照，多向度地把握、理解和享用中华各民族民俗文化。

十个系列仅仅是给定了民俗文库选题的范围和领域，而每本书的选题要求主要在两个方面。一是强调具体和细微。选题越具体越好，越细微越好。以往民俗文化方面的书，选题都比较大，侧重在"面"上，而《民俗书系》的选题，侧重在"点"上。譬如中国民居方面的选题，以往即为中国民居，如陕北窑洞、蒙古包、客家民居、四合院等等，我们这套书要求选题更为具体，诸如门、床、窗、影壁、屋脊、砖雕、上梁仪式、天井等等。选题越具体、越集中，越能书写得深入，越能说得透彻。从不同方面，把这一指向范围细微的"事象"的表现形式、过程、内涵，阐述清楚。一个选题，仅涉及一个方面的话题或事物，全书就围绕一个具体的民俗"事象"集中笔墨展开阐述。

二是强调地域性。选择具有地方特色的民俗文化。选题不避偏，即便是不为外界所知的民俗文化"事象"，也可以作为选题。这样的选题纳入整套书系之中，其所描述的对象就成为整个中华民族民间文化体系中的一部分，具有不可替代的位置。通过这套文库的出版，将这一原本影响不大的民俗文化"事象"推向全国，乃至世界。地域是具体的，而不是覆盖整个省，甚至大片地区和流域，而是局限于某一市县、某一城镇、某一村落。写一个具体地方的某一具体的民俗"事象"，民俗"事象"所流传的范围是明确的。当然，也有的以一个地方的某一民俗"事象"为书写中心，适当涉及其他地方相同的民俗"事象"，包括引用其起源、历史发展脉络和内涵分析等方面的相关资料，采用了以点带面的叙述范式。也有的通过图片的方式，链接其他地方同一民俗文化"事象"，做一些适当比较。

在这两点要求的基础上，这套民俗书系的选题是开放性的，面向中华各民族的广袤大地和民俗文化的汪洋大海。

《民俗书系》中的每本书字数在 6～7 万，近百幅图。根据选题本身的特点选择不同的写作角度和呈现方式，甚至有的以图为主，文字只是起到辅助、说明的作用。也有的以一个故事或传说为引导，再进入民俗"事象"本身，展开层层阐述。每本书的结构简洁而又灵活，便于作者把握和读者阅读。在述与论的关系方面，以"述"为主，"述"是全书主要的行文方式和表现主体；以"论"为辅，富有层次地清晰演示特定民俗"事象"的表现形态及其现状和历史，说明其深厚的文化内涵，提供其社会及文化背景。每幅照片都有比较详实的说明，诸如照片中的人是谁，都在干什么，主要景观和物品的名称、含义，画面属于仪式过程的哪个环节等。照片不是配图，不是为了美观，而是整本书的有机组成部分。

这套《民俗书系》追求一种"原生态"写作境界。这里的"原生态"，就是强调民俗表达的原汁原味。所使用的文字素材和图片基本上是作者自己采集到的，第一手资料夯实了全书的所有内容。这套书系的作者绝大多数不是学者或专业研究人员，而是地方文化精英，是地方民间文化传统的积极传承者。作者就是当地人，对这一选题或这一民俗"事象"最为熟悉，而且反复经历和参与过这一民俗活动，最了解这一民俗活动，并具有一定的书面语言表达能力，是最适合写这本书的人。作者对这一选题有比较丰富的资料积累和信息储备，是这一选题的代言人和权威，而书的出版更是对作者权威地位的认定。这套书系的价值主要不是学术上的，不是理论方法方面的，而是发掘地方民俗文化资源，真实、客观地再现了民俗文化，展示了民俗文化本身具有的文化魅力和现实意义。这套书系可称之为原生态民俗书系。

《民俗书系》编纂和出版的动机是宏伟的，具有高远的历史文化志向和神圣的现实责任感。这一浩大工程值得您的期待，更值得您的关注。

万建中
2015年元月20日于京师园

目 录

一　香会溯源

1　香会的起源 ·········· 2
2　妙峰山与北京香会 ·········· 6

二　"井"里"井"外
　　——香会的分化

1　"井"字里外 ·········· 12
2　旗人参与与香会分化 ·········· 15

三　"井"字里的会
　　——幡鼓齐动十三档

1　文会与武会 ·········· 19

2 十六堂武会 ·· 23

3 "井"字里香会的组织结构 ······················ 41

4 新会成立的仪式

——贺会 ·· 44

5 "井"字里香会的等级 ······························ 48

四 朝顶进香

——"井"字里香会的规矩礼节

1 朝顶进香的日程安排 ······························ 52

2 太平同乐秧歌圣会朝顶进香的回忆 ········ 55

五 "井"字外的会

——村落生活的组成

1 社火表演 ·· 63

2 村落的进香 ·· 66

六 隋少甫与北京香会

1 走会耗得倾家荡产 ················· 70
2 从杂技团艺人到黑帮分子 ··········· 72
3 香会泰斗的春天 ··················· 74

七 当代北京香会群像

1 太平同乐秧歌圣会 ················· 80
2 众友同心中幡圣会 ················· 92
3 亲友同乐清茶圣会 ················· 101
4 聚义同善天缘狮会 ················· 109
5 年丰庄善缘老会 ··················· 116
6 南安河棍会 ······················· 125

参考文献

一 香会溯源

旧时的北京,庙会繁多。在各大庙会中,香会的进香是其中一道盛景。在进香的香会中,不仅有着按照寺庙陈设而形成的武会,更有沿途助善、服务过往香客的文会。名目繁多的香会组织相互配合,共同服务于神灵和过往的香客。武会在朝顶进香过程中,沿途表演杂耍;文会或是庙宇处,或是在沿途香道,设立茶棚、旅馆,为来往香客提供食宿。相较于个体的香客,这些娱人娱己的香会无疑是无私的、虔诚的。那么,这些名目繁多、表演各不相同的香会又是怎样形成的呢?

1. 香会的起源

香会，又称"朝山会"，是特定区域内的信众在共同信仰的基础上成立的集体进香组织。每逢庙会，这些进香的香会或是搭棚舍茶、服务于香客，或是献技表演、娱人娱神。这些香会是如何形成的呢？早在20世纪20年代，在对北京妙峰山香会调查的基础上，顾颉刚先生做了如下的分析：

> 香会，即是从前的社会（乡民祭神的会集，为society译名所本）的变相。社祭是周代以来一向有的，而且甚普遍，自天子以至于庶人都有。现在我们无论到什么三家村里，总会见得到一所"土地堂"，原来这里是他们一社的社神呢！我们读《史记·陈平世家》，该记得"里中社，平为宰，分肉甚均"的故事。这就是那个时候的"社会"。自从佛教流入，到处塑像立庙。中国人要把旧有的信仰和它对抗，就建设了道教，也是到处塑像立庙。他们把风景好的地方都占据了。游览是人生的乐事，春游更是一种适合人性的要求，这类的

朝顶进香

情兴结合了宗教的信仰，就成了春天的进香，所以南方有"借佛游春"一句谚语。因为有了借佛游春的人的提倡，所以实心拜佛的人就随着去，成了许多地方的香市。到远处的神佛面前进香既成了风俗，于是固定的"社会"就演化为流动的"社会"。流动的"社会"有二种：一种是从庙中异神出巡的赛会，一种是结合了许多同地同业的人齐到庙中进香的香会。

顾先生的论述不仅指出了香会形成的历史背景及其与佛、道二教的关系，同时精确地指出了香会组织形成的基本条件——同地同业。

一 香会溯源 | 3

在共同地缘的基础上形成的香会与佛教传入有关,最早在佛教居士群体中形成。辽代统和九年(991年),契丹朝廷提倡佛教,"优礼僧徒,累次饭僧,动辄万人"[1]。在这一背景下,早在辽代时,北京民众就已经形成了"邑会结社"习俗。参与结社的"万人"结成"邑会",逢佛诞日,结社的香客不远万里争相前往佛庙朝顶进香,奉献祭祀,维系寺庙的运作,颇有助善之意。

起初,寺庙里的和尚在"邑会"的形成中起到了重要的作用。随着"邑会"的发展壮大,本地的施舍领善人逐渐参与到"邑会"的管理中,与寺院的和尚一起共同经营"邑会"。在北京门头沟斋堂川清水村的双林寺内,立有辽代统和十年(992年)《佛顶尊胜陀罗尼幢》一碑,除刻有众多辽代南京(今北京)各级官吏的题名外,还有辽代玉河县令齐讽、清水村都维那马贵仙、齐家庄村都维那张承诲的题名。"都维那"是管理佛教事务的僧官。北魏时期,国家管理佛教事务的机构称为"昭玄曹","昭玄曹"的僧官由僧侣担任,称为"沙门统"和"都维那"。[2]"北齐置昭玄等寺,掌诸佛教,有大统一人,都维那三人,兼置功曹、主簿等员,以管诸州县沙门之法。"[3]《钦定重定大金国志》记载:"浮图之教,虽贵戚旺族多舍男女为僧尼,惟禅多而律少,在京曰国师,帅府曰僧录、僧正,列郡曰都纲,县曰维那。"[4]这一职位在明清时期依然存在,如稷山县成化七年《法王庙创建舞庭记》记有"维那头姚达"。但是,在双林寺的碑刻中,都维那已经由专门

---

[1] 北京市社会科学研究所.北京历史纪年[M].北京:北京出版社,1984:75.
[2] 史旺成.五台山史话[M].太原:山西人民出版社,1985:34.
[3] 杜佑.通典(卷二五)·诸卿上[M].北京:中华书局,1988:704.
[4] 转引自谢重光、白文固.中国僧官制度史,[M].西宁:青海人民出版社,1990:219.

的佛教管理者演变为村落生活之中事佛的村民,[1]标志着"邑会"已经转变为地方社区中的香会。明代《宛署杂记·民风》"乐施"条记载:"所居村民随多寡立会,岁敛钱供其附近村寺。"[2]这里所立之会,即是设立以信仰为职能,定期向寺庙施舍银钱,在"邑会"基础上兴起的香会。

---

[1] 冯尔康.中国社会结构的演变[M].郑州:河南人民出版社,1994:493.
[2] 沈榜.宛署杂记(卷一七"土俗")[M].北京:北京古籍出版社,1983:190.

2. 妙峰山与北京香会

旧时的北京城，有着东岳庙会、药王庙会、娘娘庙会等多个庙会。在这诸多庙会中，以供奉碧霞元君的娘娘庙会影响最大。关于碧霞元君的来源，民间有着多种说法：其一，为东岳大帝的女儿，也即泰山的女儿；其二，汉代民间凡女得仙；其三，皇帝七女之一；其四，华山玉女。信众们主要关注碧霞元君作为生育女神的神格特征。[1] 元末明初，碧霞元君信仰从山东流传到北京，逐渐受到北京民众崇拜。明代时期，北京城乡更是形成了多个供奉碧霞元君的寺庙，以"三山五顶"最为著名。

具体而言，"三山"指门头沟妙峰山、平谷丫髻山和石景山天台山。妙峰山位于北京市门头沟区妙峰山镇，山上建有惠济祠、回香阁和玉皇顶三座建筑群，供奉碧霞元君的灵感宫位于惠济祠内，俗称"娘娘庙"。旧时每逢四月初一到十五，妙峰山都会举行规模宏大的庙会。丫髻山又称东山，位于平谷县境内，因其山峰突起，宛若少女的发髻，故得此名。每逢农历四月初一至十八，丫髻山都会举行规模宏大的娘

[1] 罗香林.碧霞元君[J]// 民俗（妙峰山进香调查专号）.1929，（69-70）：1-67.

娘庙会。由于位于京城通往承德的路旁，旧时的丫髻山庙会得到清廷的支持，香火颇为旺盛。天台山又称为西山，在今天的石景山区磨石口。旧时，天台山每年农历三月十八开庙，举办娘娘庙会。由于比四月初一妙峰山庙会先期开庙，香客们多是先去天台山进香，再去妙峰山朝顶，民间流传"西山香罢又东山，桥上娘娘也一般"即是此意。

"五顶"则是指北京城内四方供奉碧霞元君的各个寺庙。由于"北京城乃依中轴线左右对称，基本呈方形，因此人们往往根据庙宇所在区位给予简称，而碧霞元君祠乃在泰山之巅，人们习惯将北京城中供奉她的祠庙称为'顶'"。"五顶"对北京城形成一种包围之势，护卫着北京。民间对于"五顶"的说法各不相同，一般认为，东顶碧霞元君庙位于东直门外小关，建于明代，清末废止。西顶碧霞元君庙位于西直门外蓝靛厂，每年农历四月初一至十五有庙会。

妙峰山建筑群

天台山

位于奥林匹克公园的北顶庙

中顶庙

南顶则有大小南顶之分，小南顶在今丰台区大红门乡南顶村，建于明正德五年，乾隆二十八年重建；大南顶则在通州马驹桥（明为弘仁桥），每年四月十八开庙，明时最为繁盛。北顶则在德胜门外土城东北，即今朝阳区大屯乡北顶村，此庙建于明代，清乾隆时重修，每逢农历四月初一开庙会，规模较小；中顶碧霞元君庙则位于右安门外十里草桥，是明代在唐万福寺的基础上兴建，每年的农历六月初一有庙市。

在供奉碧霞元君的"三山五顶"中，由于妙峰山的娘娘最为灵验，因此被人们称为"金顶"，成为京畿地区重要的信仰中心。每年妙峰山吸引了大量香会前去进香。康熙二年，保福寺引善圣会在妙峰山上立碑，成为妙峰山庙会最早有记录的香会。最初，在邑会基础上形成的引善圣会是在寺院僧人支持下形成的香会组织，每到香期"策蹇扶筇，远祝于泰岱峰顶，今则并辔联镳，近祀于妙峰山畔"[1]。乾隆年间，最初赶着牲口挂着拐杖千里迢迢去山东泰山进香的保福寺引

---

[1] 首都图书馆北京地方文献中心.清保福寺引善圣会碑文[M]//首都图书馆北京地方文献中心.妙峰山地区历史文献专题资料汇编（第四册）.2004：604.

妙峰山庙会

善圣会开始组织会众到数十里的妙峰山娘娘庙进香。

最早在妙峰山留下碑刻的均是这些捐资纳供的善会。信众们在平日里维系日常的劳作,一到庙会则"闻声纳香烛、茶资如例"[1],跟随香首前去妙峰山朝顶进香。随着朝顶香会日益增多,香会进香的方式也逐渐增多,"香社子弟,又结队扮演灯火杂剧,借娱神为名,歌舞于途,为之赶会"[2]。朝顶进香的香会结合了北京城乡各具特色的社火表演,由单纯的上山纳供发展成了具有多种表演内容的进香组织。

---

[1] 汤用彬等编.旧都文物略[M].北京:书目文献出版社,1986:270.
[2] 汤用彬等编.旧都文物略[M].北京:书目文献出版社,1986:270.

一 香会溯源 | 9

香会的种类也从单一引善会扩展为音乐会、秧歌会、高跷会等多种形态的表演团体。到了清末，朝顶的香会名目繁多，单是前去妙峰山朝顶的香会就已多达33种、170余堂。[1]1925年，当年的庙会就有99档香会朝顶进香，顾颉刚将其分类为修路、路灯、茶棚、缝绽、成补铜锡器、呈献庙中途中用具、呈献神用物品及供果、施献茶盐膏药、技术和普通进香及未详其意义者十类。在这十类香会中，单技术一类就包括五虎打路藤牌少林会、五虎少林会、攒香如意会（刀枪鞭棒）、中幡会、音乐会、大鼓会、狮子会和踏车会等多个会档。

---

[1] 金勋.妙峰山志[M].北京：首都图书馆影印本，2008：34.

二 『井』里『井』外
——香会的分化

如今的北京香会，依据香会供奉神案所在地即"驾"设地的不同，存在着"井"字里外的区别。"井"字里外的香会，不仅在表演内容上存在差异，讲究的规矩礼节也大不一样。香会泰斗隋少甫的徒弟、众友同心中幡圣会的会首黄荣贵如此区别二者：

> "井"字里的会规矩大着呢，"井"字外的会，没什么规矩，自己走自己的。

按照黄荣贵的说法，"井"字里外香会的区别，不仅表现在表演程式、规矩礼节的不同，两者之间更存在着一定的阶序等级："井"字里的香会是有规矩的，"井"字外的香会是无序的。为什么北京城里的香会会有着如此的区分呢？我们先从"井"字里外的所指谈起。

1. "井"字里外

虽然大部分会头对本会所处的区位有着明确的归属，但对"井"字里外的具体所指却并未形成明确的认同，只是笼统地将其与城里城外对应起来。大部分会头认为，"井"字里的范围大致相当于如今北京的二环以内，是清朝时皇城的范围；"井"字外是二环以外的区域。与上述解释不同的是，包括海淀区西北旺高跷皇会在内的诸多海淀香会也自称为"'井'字里的会"。显然，将"井"字里外等同于内外城的说法并不准确。

"井"字里的范围的确与内城范围大致相当，包括西边的西直门、阜成门，北边的德胜门、安定门，东边的东直门、朝阳门，南边的崇文门、前门和宣武门以内的内城。将这几个门连接起来形成了一个变形的"井"字，在此范围之内的会均属于"'井'字里的会"。然而，"井"字里的范围不仅局限于此，更包括了拥有圆明园、颐和园两大皇家花园的海淀。

在元大都的基础上，明代北京城形成了内九、外七、十六门的结构。在此基础上，清代扩建了"三山五园"（包括畅春园、圆明园、玉泉山静明园、香山静宜园、万寿山清漪园），形成了包括圆明园、颐和园在内的东起海淀村，西至香山，三十里内都是瑰丽清雅的离宫别馆。[1]这意味着至少在康熙年间，北京"三山五园"建成以后，"井"字里外的区分才得以形成。

由于清朝统治者"执行分化歧视的旗、汉民居住制度，内城布满满洲的府邸和八旗兵营，大部分的汉族和少数民族被迫迁徙到外城去重建居所。内外城坊的结构和居民的组织、社会经济地位和活动因

地处颐和园附近的海淀西北旺高跷皇会

---

[1] 陈学霖.刘伯温与哪吒城[M].北京：生活·读书·新知三联书店，2008：46.

此都起了重大的变化"[1]。因此,北京城"井"字里外的区分不仅是地域空间的区隔,更是两个空间等级的形成。在拥有紫禁城和离宫别馆的"'井'字里",是皇宫、衙门等行政机关的所在地,是整个国家的权力中心。生活于其中的旗人们依靠着国家的俸禄,养尊处优,成为整个社会的上流阶层。"有紫禁城所在的内城象征的是权力、秩序、威严和脸面"[2]。与之相对,"'井'字外"的大片区域却是失序、混乱的状态。

---

[1] 陈学霖. 刘伯温与哪吒城[M]. 北京:生活·读书·新知三联书店,2008:50.
[2] 岳永逸. 空间·自我与社会:天桥街头艺人的生成与系谱[M]. 北京:中央编译出版社,2007:187.

2. 旗人参与与香会分化

　　为什么空间的分化会影响到朝顶进香的香会，并使其也产生了同样的等级区分呢？关于北京香会"井"字里外区分的来源，流传着这么一个传说：

> 最早香会是从皇宫里来的，宫里面有两个太监，一个是芦家，一个是童家。两人管理着皇宫里的会，两个太监对会规会礼争执不让，于是就闹到皇帝那儿。皇帝也没法裁决，便将一面旗子斜撕成两半。上半部分的给了芦家，下半部分给了童家。两个太监出宫后，便一个在"井"字里，一个在"井"字外，这样就有了"井"里"井"外的区分了。"井"里的手旗都是刀口向下，"井"外的旗帜是刀口向上，叫做顺风旗，从此会就有了"井"里"井"外的区别了。

　　这一传说反映出"井"字里外香会的分化似与皇权有关。事实上，清朝统治者曾经多次严令禁止香会朝顶，直到清中叶以后，碧霞元君才被纳入到官方的正祀，行香走会才成为合法的仪式活动。随着香会活动的合法化，旗人逐渐参与到行香走会中来，并逐渐成为香会活动的主力。妙峰山惠济祠建筑群附近的39通碑文中，33通为清朝所立。在这33通碑文中，有20通明确标识为旗人或皇室所立。早在康熙二十八年，就有时任钦差督理街道、工部营缮清吏司主事张献参与香会立碑。乾隆七年，宗室弘晃参与的二顶兴隆圣会在妙峰山上立碑。乾隆三十八年，皇六子永瑢组织香会在此立碑。除了皇室、官僚外，大部分碑刻均是旗民所立。如同旗人居住的空间成为权威、秩序的"'井'字里"一样，旗人参与的香会也高于其他香会。香会等级、城市空间与族群身份维系的活动相互交织，最终形成了"井"字里外不同阶序的香会。

按照会头们的说法，朝顶进香、上献供品是香客们表达虔心、获得神灵庇佑的唯一方式。在朝山过程中，香客们习惯性地将心诚与否和香会组织的单纯性质、供品的多少、自身所受磨难的大小进行对比。他们认为，唯有大量的付出，才是对于神灵的虔诚，方能获得神灵的庇佑。于是，旗人在充足财力的支持下，建立在政治等级基础上的香会分化与民间对于信仰虔诚的看法相互交织，进一步巩固了"井"字里外香会的等级秩序。

通过对香会发展史的梳理，我们知道，最早形成的邑会是庙会期间临时成立的进香组织，春不妨耕，秋不废获，庙会完毕后信众们各自回归原有的生活。随着香会种类日益扩大，原本作为民间社火娱乐方式的表演纳入到朝顶进香的队伍中来。对于生活在不同地域的信众而言，秧歌、高跷、中幡等表演，不仅是朝顶进香时的表演，更是他们日常生活的重要组成部分。高跷、秧歌、中幡、开路一直是天桥等地艺人撂地卖艺的生活方式。在京郊农村，香会在平日里亦有助善的功能。按照北京风俗，家里有人去世，要请香会中的文场前来应酬，参与接三、出殡等仪式。旧时，参与丧礼是文场的义务，讲究"茶饭不扰，分文不取"，有的文场是本家请来，但大部分文场均是练儿们自愿前来助善。没有文献表明"井"字里的香会是否做过卖艺、助善之事，但旗人的参与却杜绝了这种可能。在"井"字里，旗人在充足资金的支持下，香会逐渐转变为单纯伺候老娘娘的信仰组织。他们认为，给老娘娘当差的香会沦落到天桥卖艺是对老娘娘的不敬，而香会走白局"送臭肉"更是不吉利，是行香走会的大忌讳。为了表达对娘娘的虔心，他们更是形成了只走一股香道的规矩。

在赋予香会等级秩序的同时，旗人们的参与又为行香走会增添了新的意蕴。如同遛鸟、斗蛐蛐一般，走会逐渐成为旗人们玩乐的一种方式，"玩会"成为专属于旗人们的一种时尚，脸面成为"井"字里的旗人们"玩会"的价值所在。围绕着脸面的获取，"井"字里的旗人们创立了一系列规矩礼节，并在此基础上形成了优越于"井"字外香会的看法。"井"字里外香会的分化由隐到显。

三 「井」字里的会
——幡鼓齐动十三档

在旗人的参与下，北京地区的香会产生了"井"字里外的分化。"井"字里的香会不仅有着较高的等级地位，更是有着相对统一的规矩礼节，形成了"幡鼓齐动十三档"的特色。

1. 文会与武会

按照香会内容的不同，北京地区的香会分为文会与武会两种。献供会物、纠合朋党酬神献供为文会。通俗来说，文会是吃喝拉撒睡的会，是服务于娘娘、服务于香客的会。文会又可分为行香会和坐棚会两种。行香会是当年进香时临时诚起的组织。行香会在香道两旁为来往香客服务，同时为碧霞元君祠和各个茶棚供应物品。临时诚起的行香会没有固定的服务场所，庙会结束后，行香会便宣告解散，等到下一年庙会后再重新搭棚。根据金勋的记载，清末民初，行香会的种类繁多，既有修建道路的修道老会、装修路灯的燃灯老会、义务修鞋的缝绽老会、施舍膏药的膏药老会和搜集焚化白纸的白纸老会，也包括沿途施粥舍差的茶棚会等。与行香会不同，坐棚拥有固定的场所。信众们在此施粥舍茶，稍有条件的还会为香客们施舍馒头，为香客提供住宿服务。茶棚的等级不一，有临时用苇席搭建的棚铺，也有在此基础上修建的庙宇，更有财大气粗的信众将茶棚修建得富丽堂皇。由于棚内设有完整的娘娘驾，茶棚亦被香客们称为老娘娘的行宫。

金勋曾对清末民初茶棚内部的陈设进行过观察：

妙峰山上的守驾馒头会和鲜花会

　　茶棚多设于道旁、寺庙或另搭芦棚为之，内设香案、供品，安坛设驾，奉元君或奉他神像，周旋红布白底儿，每旗绘神像，共二十八面，是为二十八宿，又有四位功曹像四旗。棚口设灵官长方大旗一面，辕门方旗二面，棚门外斜插七星蠹旗一面，棚外两旁设摆会笼两幅。棚外另设代座豆青琉璃钵形缸两座，内里注满热茶，是为劳动人饮之。棚内设八仙桌与凳子，代黄围桌，桌上摆着茶盅盘香。棚外正中搭起杉篙架子，高三尺余，挂着铁丝制灯笼。上端八方形，每角三个一串，正中大灯二串九个，名九联灯。[1]

　　由于茶棚多设在进香途中，茶会常常遇到一些以背鞍、悬灯挂炉、滚砖等方式上苦香的香客，遇到他们，"茶棚闻信必派两人提茶

---

[1] 金勋.妙峰山志[M].北京：首都图书馆影印本，2008：21.

壶迎接百米以外。文武各会遇茶棚，必须交纳香烛钱粮拜帖，呈现技艺"。

武会是"练技术之会"，"结客少年，搬演社火，称为武会"，金勋又称之掷为青年武术集团。具体而言，武会是指在庙会活动中组织诸如高跷、狮子之类杂耍百戏表演的进香群体，种类非常多样。旧时，"井"字里外文会的种类并无太大区别，而在武会种类上，民国之前，"井"字里的香会形成了"幡鼓齐动十三档"的特色，并形成了这样的会歌：

> 开路（会）打先锋，五虎（棍会）紧跟行。门前摆设侠客木（高跷会），中幡（会）抖威风。狮子（会）蹲门分左右，双石（会）门下行。石锁（会）把门挡，杠子（会）把门横。花坛（会）盛美酒，吵子（会）响连声。扛箱（会）来进贡，天平（会）称一称。神胆（大鼓会）来蹲底，幡鼓齐动响太平。

随着社会生活的变化，民国时期，"井"字里的武会又增加了三种，即踏车会、小车会和旱船会。按照"井"字里的规矩，必须是为老娘娘办事的武会才能上山朝顶，才能纳入"井"字里香会的名录。于是，踏车会声称自己是为老娘娘催讨钱粮，并为各会档跑腿送信。小车会说自己是为老娘娘从陆地运送钱粮的。旱船会则声称自己是从水路为老娘娘运送钱粮的。这十六堂香会合起来便是一幅寺庙象征图。

"狮子"象征庙门前的石狮，所以有守驾的责任，行香时狮子守驾，各会由狮子前经过，狮子殿后起行。"中幡"

像庙前旗竿,所以先行(以下略按次第),"自行车"像五路催讨钱粮使者,"开路"像神驾前开路使者,所以"练杖"、"打路"、"五虎棍"、"少林棍"皆为引路使者。"天平"(什不闲)像称神钱者。"挎鼓"像神乐。"杠箱"像贮神钱粮者,所以更有杠箱官。以外"秧歌"(俗称高跷会)、"小车"像逛庙游人。"双石"、"杠子"、"花坛"……等,既像神前执事,又像赶庙玩意档子。[1]

---

[1] 金受申. 北京通[M]. 北京:大众文艺出版社,1999:155.

2. 十六堂武会

具体而言,"井"字里十六堂武会表演内容如下:

开路圣会

开路圣会,即为耍飞叉。金勋在《妙峰山志》中,曾对开路圣会有过如下记载:

> 开路为五路都催鬼,又称五鬼捉刘氏。大鬼抹红花脸戴獠牙,挂耳环,金抹头,上加白鬼头五个,披罗汉发,上有二扁发圆光,青衣靠腰,系虎皮战裙,红裤黑靴,手执钢叉。其余四鬼均抹黑花脸,服装同前,均手执铜叉。化妆者是为门面货,技艺高超乃为净练儿。其手法很多,如苏秦背剑、鞋子爬、反背花、腰串儿、怀中抱月、夜叉探海、脖串儿、十三联珠,许多姿势。好练手皆自备钢叉,不用会中的。地安门内铁匠营开路在皇会中最有名望,练手孟八,尤以飞天

滚背、十三联珠，每练必博得彩声振地，所以又有后门的开路空中转，真是誉满北京。练手以双头叉最难练，其笼望之圆笼光黑色漆描金花儿，木架红漆黄铜饰件儿插四根斜尖黄绸旗，旗顶上栓十字铃二串，一共两挑儿。挑笼人穿黄布马褂，黄布包头，两名前引带路，颠瓶振铃走会，瓶即会笼子别称[1]。

开路表演中的五鬼，分别为独角鬼、短命鬼、地理鬼、鸳鸯鬼和无魂鬼。走会时多表演《五鬼捉刘氏》、《五鬼闹判》和《目连救母》的故事，其中以《五鬼捉刘氏》表演最多。旧时，开路会表演《五鬼捉刘氏》时，先由一个壮汉扮演的督鬼上场，将鸡脖子拧断后，把鸡血滴入五个碗中。五鬼饮完鸡血水后，由老旦扮演的刘氏上场，五鬼绕圈追打刘氏，表演完毕后单个上场开练。开路会上场表演时，练儿们都是赤膊上阵，耍练飞叉。除了平时表演的单叉外，技艺高超的练儿更能表演飞火叉。练儿们表演飞火叉时，先在叉上沾油，点燃后甩叉、接叉，更有技艺高超的练儿们能将火叉朝天空扔去，火叉顺风燃起熊熊大火，待飞叉落下后，练儿们稳稳接住，灵活自如。技艺精湛的练儿们亦能站在板凳上表演火叉。

北京风俗，老百姓家里举行红白喜事时通常会邀请香会前去献档。由于开路会

右安门外馨春开路会表演飞火叉

---

[1] 金勋. 妙峰山志[M]. 北京：首都图书馆藏，2008：25-26.

练儿们为鬼的扮相，且在十三堂武会中，开路为驱鬼之用，并不适合红白喜事的场合。除了庙会外，很少能在其他场合看到开路会的表演。香会等级最高的皇会中亦没有开路会。开路会有伴奏的文场，行香走会参驾时，由大鬼带头，文场响动三响，俗称"打三参"。此时，大鬼行三回礼，即低三回头，行鞠躬礼，小鬼下跪三叩首。

五虎棍会

五虎棍会，由于所有练儿所持的武器均为棍棒，表演情节取材于赵匡胤大战董家五虎的故事，故称五虎棍会。《北平风俗类征》曾对五虎棍会有过如下描写：

> 五虎棍，学金桥，二节棍，三节棍，枪对刀，打群棍，编就了的套，要打风顶，预备拦腰，教我练，我可不了，平站着眼睛就把金花儿冒，藏躲不及，脑袋上头凿一个窟窿血直冒，自找奇祸为哪条？[1]

五虎棍的表演取材于宋代赵匡胤大战董家五虎的故事。相传，赵匡胤称帝前路过董家桥。董家桥有个董员外，养了五个儿子和一个女儿。董家六子女各个练就了一身好棍术，仗着棍术在村里胡作非为，鱼肉乡里。他们更是将村里唯一的桥梁据为己有，向过往行人索取过桥费。一日赵匡胤路过此桥，正好是董家妹妹董金莲守桥，赵匡胤拒不支付过桥费，两人便打了起来。董金莲不敌赵匡胤，赶忙跑回家中，叫来了五个哥哥，董家五虎又和赵匡胤打了起来。卖油郎郑子明

---

[1] 孙景琛、刘恩柏.北京传统节令风俗和歌舞[M].北京：文化艺术出版社，1986：93.

左安门外孙家场普善同乐五虎少林会

路过此地，见董家五兄弟打赵匡胤一人，郑子明怒从中来，拿起扁担挑子帮着赵匡胤把董家五虎打得落荒而逃。此后民间便有了五虎棍。

五虎棍献档表演时，所有的练儿都需勾脸化妆。赵匡胤勾红脸，黑色满髯，左眼上勾有青龙一条。郑子明勾黑脸，戴黑色扎髯。大虎董达勾绿脸，戴黑色扎髯。三人俗称勾大脸，其余四虎勾小花脸。五虎棍会表演时，有单练、群练、对练等多个程式，主要套路包括三抽、三捂等多项套路。参驾时，红脸赵匡胤在前，其余练儿站在赵匡胤身后。文场打三参，全体会员跪腿一齐三叩首。

除了《赵匡胤大战董家五虎》外，亦有五虎棍会表演《燕青打擂》、《武松打店》和《蜈蚣岭》等剧目。由于五虎棍会的祖师是斗战胜佛孙悟空，五虎棍会会员们对猴子格外敬重。

秧歌会

秧歌会是十六档武会的重要一档。按照是否上高跷，秧歌会又分为高跷秧歌和地秧歌两个类型。秧歌会的祖师爷为文昌帝君。高跷秧歌又分为文跷和武跷两个类型。文跷是以走场表演、以唱为主的高跷，武跷则以惊险的动作作为表演的主要内容。高跷会的角色包括肥头大耳的头陀。他须发蓬松，身着黑色衣裤，脖上悬挂着佛珠，双手持着一对短木棍,指挥着整个秧歌会的行走。头陀之后是樵夫,樵夫头罩假发,戴着草帽,腰上系着大带,肩扛扁担,腰叉板斧。药先生头戴官帽,身穿官服,手持串铃和膏药,走在樵夫后面。渔翁手拿一根鱼竿,头戴软兜帽,身着金黄色长袍,白色胡须。渔婆身穿彩裙琚,身披璎珞,臂挎鱼篮。武扇又称公子,是高跷表演里的丑角,他身着彩色长衫,下穿彩裤,头上戴着公子帽,手拿折扇,表演动作淫荡猥亵、下流不堪。文扇上身

永定门外海户屯村公益助善高跷秧歌会

红寺村太平同乐秧歌圣会

穿红棉袄,下身穿彩裤,面色紫青,手拿羽扇。小二哥又称为"豆"或者"小头型",多以少年形象出现,他身着花衣彩裤,头发梳理成朝天辫,手持红缨鞭,臂挎荆筐。打锣的两人,称为俊锣和丑锣,他们身穿彩色衣裤,头戴绒球冠,双手持锣。打鼓的亦为两人,他们身穿黑色衣裤,头上戴着绒线球的帽子,挎鼓斜挎在腰间。"井"字里外高跷秧歌表演的角色并不一致。与"井"字外的高跷秧歌相比,"井"字里的高跷秧歌少了渔婆和药先生,只有十个角色。高跷会按照两人一组的顺序过场,基本套路有单腿跳、摔叉、过高凳等。文跷是以唱为主,练儿们在完成这些基本动作的同时,边走边唱。以技艺为主的武跷表演更为精彩,除了前述的基本动作外,更有劈叉、翻跟

头、拿大顶等惊险刺激动作。每逢高跷会表演，观众们往往为练儿们惊险刺激的表演深深吸引，叫好声接连不断。

若是秧歌会的练儿们不上高跷，则被称为地秧歌。与高跷秧歌不同，地秧歌会的祖师爷是唐明皇。地秧歌的角色也有"井"里"井"外之分。"井"字里的地秧歌共有十个角色，除了"文扇"、"武扇"、"渔翁"、"樵夫"是一人扮演外，"头陀"和"小二哥"均是两人，"锣"和"鼓"则是四人扮演。其中"头陀"分净脸（也叫文净）和花脸的，"锣"和"鼓"分为"俊锣"、"丑锣"及"俊鼓"、"丑鼓"两队。地秧歌表演时依据头陀分成两队：一队是净脸的，按照顺序分别为一"头陀"、二"小二哥"、三"文扇"、四"樵夫"、五"俊锣"、六"俊鼓"、七"丑锣"、八"丑鼓"；另一队是花脸的，即一"头陀"、二"小二哥"、三"武扇"、四"渔翁"、五"俊锣"、六"俊鼓"、七"丑锣"、八"丑鼓"。"井"字外的地秧歌多了"渔婆"和"膏药"两个角色。地秧歌的表演形式或是一人多演，或是多人一演，演出内容包括五个程式，由"堆山子"、"走场"表演、"别篱笆"、队形变化表演、演员下场表演和唱组成。地秧歌献档表演时，音乐节奏明快，韵律鲜明，舞蹈动作多为颠跳和小跳，重复较多，易于掌握。

中幡会

中幡会在十三档香会里被称为大执事，象征庙里的大旗。由于民间认为白日飞升的真武大帝做了玉皇大帝的掌旗官，中幡会的祖师爷便是真武大帝。制幡的主要材质是竹子，竹子的好坏对中幡会表演的成功影响很大。对于有名望的中幡会而言，制幡所用的竹子多是陈年砍下的粗壮竹子。将竹子砍下后，练儿们用火将竹子烤干后放置在阴凉处，一年后方可使用。竹子顶端制有一顶小伞，上面缀有多个铜铃，挂着各色彩绸制成的幡布，幡上写有本会的会万。大的中幡高达数10米，重达25千克。由于中幡表演讲究惊、险，而文场伴奏通常会分散练儿们的注意力，因此中幡会不设文场。

众友同心中幡圣会

中幡会的练儿们大多身强体壮，他们表演时并不勾脸，上身只穿一件坎肩，下身多为灯笼裤。中幡表演的基本程式有脑接、牙接、鼻接、盘肘、过桥等，同时亦有苏秦背剑、金鸡独立等多个精湛独立的程式。献档表演时，练儿们一人耍幡，不用手扶，数十斤重的中幡砸下，练儿们用脑门接住，俗称"脑接"；用鼻子接住，俗称"鼻接"；用牙齿接住，称为"牙接"；用肘子接住，称为"盘肘"。亦有练儿将中幡放在一侧肩上，并将中幡朝天一扔，再用脑袋接住，此后向上一顶，另一侧肩接住，称为"过桥"。更有技艺精湛的练儿能将幡举过头顶，再用小拇指接幡，称为"封侯挂印"；用大拇指接幡，即为"金鸡独立"。练儿们将中幡放在脚面，将幡撩向空中，再用额头接幡称为"浪子踢球"。练儿们站稳马步，用双手将幡在身前身后环绕数周称为"前后背花"等。中幡会参驾时，练儿们把双手插在中幡大杆里头，双手相合，掌心相对，意为"童子拜佛"。

狮子会

狮子会即耍狮子。京城的狮子会分为太狮和少狮两种。旧时，京城狮子会的狮子头多是用木头制成，外面彩绘狮子图案，饰有铃铛。狮身多用麻布做成，分为左黄右蓝两种，意为雄雌。与太狮不同，少狮不分公母，数目不限。练儿们表演太狮时，狮子前有一人手拿绣球，逗引狮子。每头太狮多是两人扮演。一人穿上连脚裤，手举狮子头，下身扮演狮子的前腿。另外一人伏在狮子套内，扮作狮子后腿。太狮献档表演时，两人步调一致。狮子舞姿优美，铃声清脆，如同猛兽下山，或是摇头摆尾、挠痒喘息，或是抖腰弯腿，煞是好看。狮子戏水更是太狮表演中的经典。表演戏水时，狮子步调迟疑，仿佛真的经过水边一般，亦步亦趋，格外逼真精彩。

不同于太狮，少狮多由一人扮演，演员一人伏在狮子道具中，绕圈表演。旧时，京城少狮表演的大部分练儿都出自于棚铺行。正因为他们的参与，少狮表演形成了攀爬杉篙、扯旗、卧鱼、倒挂蜻蜓和爬杆等多个程式。《百戏竹枝词·狮子滚绣球》云："以羊毛饰为狮形，人被之，滚球跳舞。毛羽狻猊碧间金，绣球落处舞嶙峋。方山寄语休心悸，皮相原来不吼人。"[1]

聚友同心舞狮会

狮子会有文场。参驾时，练儿们扛上狮子头，拉杠三参，一参爬一回出一回头，共爬三回、出三回头，文场响动

---

[1] 杨米人.清代北京竹枝词[M].北京：北京古籍出版社，1982：174.

三次。由于狮子会是给娘娘蹲门的,因此狮子会摆前面,走后面,各个会档都要参狮子。

双石会

双石是一根大横杠子,两端镶嵌着圆形的大石头,与当下举重用的杠铃相当。双石会表演时,练儿们多是躺在凳子上,并不下地表演。双石会的献档表演惊险刺激,颇受观众喜爱,尤以叠罗汉为甚。练儿们表演叠罗汉

西庄万缘双石老会

时,通常一人躺在长凳上,双足蹬石,其他练儿站在上边,做出各种表演动作,俗称千斤石。双石会供奉的祖师爷是鲁班。由于双石表演技艺惊险,亦无文场伴奏。参驾时,会员蹬五副石头,最大的石头如磨盘,同样要三举三落。

掷子(石锁)会

石锁会即是耍石锁,石锁会的祖师爷是鲁班。石锁用石料做成,形状如锁,上方凿空,练儿们可用作手柄。石锁大小不同,最大的可重达五十多千克,轻的也有十多千克。如同中幡表演一

众友合缘石锁圣会

般，石锁会的献档可以一人表演，亦可以多人献档。练儿们上场表演时，并不勾脸。他们腰系大带，下穿灯笼裤。表演基本动作为正掷、反掷、跨掷、头接、肩接、肘接、指接、对掷对接、三四人互扔互接等。除了表演基本程式，技艺精湛的石锁会练儿更能表演手举、足踏、左右盘肘、腰串儿、反背花儿、顶花、手花、肩花等多个精湛的程式。石锁会参驾时，练儿们跪在地上，头顶石锁，按从大到小的顺序，将石锁一个一个往上摞，最多可摞十余个石锁。由于石锁表演惊险刺激，为了不让练儿分神，石锁会亦不设文场。

杠子会

杠子会是练杠子的武会，祖师爷为鲁班。杠子会表演的杠子为木棍做成，通常固定在表演的大车上，练儿们在大车上表演攀爬杠子，亦有杠子会在地上设杠表演，但并不多见。与狮子会一样，杠子表演时要求练儿们具有突出的攀爬技能，因此，旧时杠子会的练儿多来自棚铺。练儿们表演杠子时，无需勾脸，他们或是上身赤背、下穿彩裤，或者是上身穿小坎肩、下身穿灯笼裤。表演时，练儿们挨个上场，轮流献艺，抓住杠子腾上腾下，拿大顶、翻跟头，花样翻新。更有练儿能够表演单手大顶、左右顺风旗、燕子翻身等惊险刺激的程式。与前述的几个武会相似，杠子表演具有着

杠子会

较高的技巧性，为避免文场惊扰，杠子会亦不设文场。杠子会参驾时，练儿们将胳膊肘放在杠子上，双手相合，掌心相对，作童子拜佛状。练儿两边各有一人造型陪衬，一个卧鱼状，一个平身状，还有下面作千斤坠的。

花坛会

　　花坛会是表演耍坛的会，又称小执事。花坛会玩的花坛，既有真正的花坛，也有酒坛、瓷坛甚至荆条编织的花坛。部分会头认为，花坛乃是烧窑炼制而成，因此供奉窑神即太上老君为祖师爷。亦有会头认为花坛乃是象征观世音手持的宝瓶，故称花坛会的祖师爷是观世音菩萨。花坛会走会时，练儿们不化妆，也不勾脸，更无角色之分。他们穿着随意，更有练儿上身赤背、下身穿着灯笼裤。花坛会献档表演时，练儿们双手抓住坛子，扔到空中。用头、肩、肘、手等不同的部位接住坛子后，还要在鼻、额、嘴等部位不断移动，让花坛立、转等。

花坛会中还有双人表演，主要是对扔对接，也有用头顶相互扔坛。由于坛子会表演惊险刺激，练儿们需要集中精神，为避免干扰，坛子会不设文场。参驾时，练儿们头顶坛子，坛子平放，朝前叩拜，如是

奶子房万寿无疆坛子会

再三。

吵子会

吵子会又称为"献音圣会",是通过乐器演奏敬拜神灵的香会。关于吵子会的祖师爷,香会界里有着两种完全不同的看法。一种认为,吵子会中以铙钹为主,祖师爷是铁板郎君。一种认为吵子会表演时,声音响动很大,如同电闪雷鸣,因此供奉电母为祖师爷。吵子圣会分为文武两种。文吵子只有乐器演奏,演奏乐器包括单皮鼓、唢呐、铙钹、锣、堂鼓等。武吵子除了前述的乐器外,还有练儿一边演奏一边舞蹈。吵子会献档时,练儿们并不勾脸,也不化妆,他们身穿黄色衣裤,头扎黄巾,能够演奏七鼓三、倒将袍、十鼓棒等多个鼓点。武吵子献档时,练儿们在演奏鼓点的同时,亦能表演蹬健、蹦健、对打、节节高、金鸡斗亮扇、翻身打、苏秦背剑等多个动作。吵子会献档表演,动作幅度大,速度快,节奏鲜明,乐器声震耳欲聋。

吵子会

杠箱会

杠箱会表演的是"贾家楼三十友结拜劫皇纲,杠箱官风趣断案"的故事,杠箱会供奉狱神皋陶为祖师。杠箱会的杠箱是一个长不足一米、宽不足半米的木箱。木箱上方插有本会的手旗,上挂铃铛。走会时，通常前面八人抬着四个有响环的杠箱，抬箱者有时翻筋斗，有时跳着走，但要求表演动作与箱上环子的声响节奏一致。杠箱官身穿大红袍，头戴圆翅纱帽，嘴上饰短须，骑在一根竹竿上，后张一柄大伞。与其他香会不同的是，杠箱会表演时，观众可以参与其中，随意向"官老爷"鸣冤告状，打趣说笑。旧时，如有观众前来诉说捐多苛税之苦，官老爷煞有介事地说："老爷我有五个姨太太，捐少能养得过来吗？"借以讥世讽俗。杠箱官身后是扮演衙役的演员，他们打着"肃静"、"回避"的牌子，边走边喊，以示开道，犹如真官出巡。此外，杠箱会中还有杠箱夫、地方、书吏和打大锣等众位练儿。其中，衙役身穿黑色长衫，头戴红色毡帽，包括旗手两人，打伞的一人，拿鞭子、挂锁链、扛牌子和执木棍的各两人。书吏身穿黑色衣帽，地方包括两个小打锣的、两个扛竹竿的，杠箱夫有八人，打大锣的有两人。走会表演时，练儿们的顺序如下：打开道锣的两人，抬杠箱的杠箱夫，杠箱，两个旗手，两名扮做"肃静"、"回避"的衙役，挂锁链的衙役，拿木棍的衙役，两个打小锣的地方。相传清代时，该会"多为六部衙役所为。走会时借用吏部大堂执事，地方上不敢阻拦。民国以后多为民间演出，往往因讽时政，当局不准演。大约在30年代初，不再见此会演出"。[1]参驾时，位置不定的杠箱官带领全体会员行三参礼。

---

[1] 王铭.北京的民间走会[M]//北京市社会科学研究所.北京史苑（第四辑）.北京：北京出版社，1988：280-281.

天平会

天平会,即以莲花落、"十不闲"曲艺表演为主要内容的香会,天平会的祖师爷是周庄王。《都市丛谈》云:

> 什不闲者,系用木架上嵌锣鼓,一人居中连带拉,合成种种声音。其架上之钟,应以绳系之于地,以脚踏之使响,言其手脚十不闲儿,俟锣鼓敲毕,即以竹板拍之唱,名为太平歌词,并非集多人始能开演,如四喜、八拍、渔樵耕读等曲,皆为十不闲之正宗。[1]

亦有会头认为"十不闲"得名于其表演特征。十不闲献档表演时,练儿们双手敲击,脚上踩踏,嘴里吟唱,忙得闲不下来,故称"什不闲"。在"十不闲"和莲花落基础上诚起的天平圣会,其象征便是天平架子。天平架子为木头制作,顶杆两端雕有龙头,架子上悬挂两个锣、两小钹和一面扁鼓。走会时,天平架子悬挂在大车上,到了平地则献档表演。献档表演时,练儿将天平架子栓在八仙桌上,由一人演奏。此外,天平会还有大钹、大铙和堂鼓等乐器。除了文场的练儿外,天平会还有演唱的练儿。天平会的练儿共有八名,包括由两丑男、两丑女组成的丑角以及四个男子扮演的俊女相。两丑男叫"画面",两丑女叫"画里"。扮女相的四俊叫"样头",包括两名"旗头"和两名"珠头"。"旗头"是满族妇女打扮,"珠头"扮相类似戏曲中的花旦。天平会走会时,一般演唱《锯大缸》、《十里长亭》、《王小赶腿》、《墙头会》、《七里长亭饯别》、《赴善

---

[1] 孙景琛、刘恩柏.北京传统节令风俗和歌舞[M].北京:文化艺术出版社,1986:83.

会》、《老妈上京》等人们喜闻乐见的神话传说和戏曲故事，尤以前四个曲目为多，前四个曲目的演唱亦被称为"四大活"。天平会参驾时，会员们要号佛，文场锣鼓齐响，会中穿旗袍、梳板头、穿花盆底鞋的四个"样头"

聚友同心天平圣会

站在天平架子两边，左右各两人。每个"样头"左手拿手帕，右手向前伸，伸一回一低头，连续三次。

大鼓会

大鼓会亦称挎鼓会，又称为锅子会。由于鼓声颇似雷声，挎鼓会供奉的祖师爷是雷公。大鼓会通常由八面大鼓、八面小铜锣（俗称"沉子"）组成，有时有四对花钹，亦有大鼓会的花钹数量为二十四对。依据花钹数量的不同，前者称为文会，后者称为武会。鼓会中的大鼓鼓径为一至三尺，鼓扁形，二十多斤重，框边有对称的两个铁环，系有绳子，以便将鼓斜跨在腰胯处，故称挎鼓。挎鼓会献档时，练儿们身穿彩衣，大人挎鼓，小孩舞钹。大人鼓声击打，小孩翻筋斗耍把式。大鼓的鼓点变化多样，最为普遍的有开门鼓、戳锤、三参、五马上桥等。花钹表演包括摆山子、拜塔、拜观音等多个路数，小孩们还要用钹组成

中顶村一统万年大鼓老会

天下太平、国泰民安等词句，象征吉祥如意。由于本身就是以鼓声表演为主要内容，大鼓会不设文场。参驾时，大鼓会打"三参"鼓点。

踏车会

踏车会是以自行车为表演内容的香会。最初，"井"字里十三档香会中并没有踏车会。民国时期，在京城香会小有名气的总头把子隋少甫的力推下，踏车会才成为"井"字里会档子的一员。踏车会声称自己是给娘娘跑腿送信的，以轩辕黄帝为祖师爷。踏车会走会时，演员并不勾脸，也无特定服装。依据踏车是否走动，踏车会表演分为走车和定车两类。走车表演时，会员们一边踏车一边表演，常见的程式有立梁顶、斜梁顶、探海摇轮等，以直场表演为主。定车表演主要包括定车拿手帕、定车拿大顶等多个程式。参驾时，两人拿着手旗，扶着车把，骑车人往前一撺跪在车上，如是再三。

小车会

小车会，又称为云车会或太平车。民间认为轩辕黄帝发明了车子，与踏车会一样，小车会供奉轩辕黄帝为祖师爷。小车会的核心道具是小车，小车是用竹子或木料做成的长方形框架，上有彩棚，下围布帘，两边画有车轮。练儿们扮作女子站在小车中间，演员前置有假腿。小车前面还有拉车车童，后面有推车老翁。小车会的角色还包括坐车的媳妇、拉车的姑娘、扶车的丫鬟、推车的老翁、文扇、武扇、丑婆子、盲人、和尚、傻柱子、傻丫头等。有的小车会还可拥有数辆小车，多个角色。小车会献档表演时，文场在旁伴奏，练儿们则依据各自角色，表演不同内容。小车的主要动作有走平路、走泥路、上坡、下坡、上桥、下桥等多个表演程式。小车会表演时，小车徘徊不前，练儿们或是推拉向前，或是假装摔倒在地，或是相互拉扯、打闹，动作滑稽可笑，整个表演场面诙谐，如同一幕幕滑稽剧，深受百姓喜爱。

旱船会

旱船会，又称跑旱船，是以陆地行舟为表演内容的香会。虽然旱船会在民国才成为十六档香会的一员，但民间玩旱船的历史却颇为悠久。南宋时，元宵佳节已有划旱船的演出。在清初的诗文中，就有关于北京民间划旱船表演的记载。光绪年间，跑旱船的习俗遍及城郊。"跑旱船者，乃村童扮成女子，手驾布船，口唱俚歌，意在学游湖而采莲者"。[1]信众们认为，旱船是为老娘娘水路运送钱粮的，因此，旱船会以龙王为祖师爷。旱船会中的旱船是由竹木扎成的船型架子，外罩绿布。旱船会献档表演时，耍弄旱船的练儿站在船内，扶起旱船，船前置有假腿，做游湖采莲状。一旁丑角扮作艄公，摇橹伴舞。献档表演时，亦有文场在旁伴奏。

---

[1] 富察敦崇. 燕京岁时记[M]. 北京：北京古籍出版社，1981：56.

群英同乐小车圣会

旱船会

3. "井"字里香会的组织结构

尽管"井"字里文武各会表演程式差异很大,但却形成了较为一致的组织结构。顾颉刚先生曾对"井"字里香会的组织结构进行过调查:

> 一引善督管(香首)和副香首,是会中的领袖;二催粮督管,是收取会费的人;三请驾督管,是掌礼之人,大即古人之祝;四钱粮督管,是采纳供品之人;五司库督管,是管理钱粮之人;六中军吵子督管,是管理巡查防卫之人;七车把督管,是管理车辆之人;八厨房茶房,是管理饮食之人;九信女,女香客不任任何职务,所以立信女一项。[1]

这个调查基本涵盖了香会组织中的各个角色,但却遗漏了香会中最为重要的角色——前引。奉宽在《妙峰山琐记》中这样记载,"茶棚或文武会首人,称为督管,其执旗前导并手提调一切事者,为

---

[1] 顾颉刚.妙峰山(影印本)[M].上海:上海文艺出版社,1988:25-26.

前引"。[1]前引与督管（会头）是整个香会的主力，他们各有分工。香会朝顶进香的过程也是香会之间挑眼与盘道的过程。前引需要利用自己超强的反应能力，随时应对各种突发情况。不同于前引对外的职能，会头处理香会大大小小的具体事务，统领整个香会。管理人数众多的香会并非易事，唯有村落内部的能人才能胜任这一职务。民国年间，红寺村太平同乐秧歌圣会会首有三人，分别为芦德瑞、李长福和王长春。芦德瑞在村里处事公正，同时又会"抻面"等活计，是村里的"了事"的，村里的红白喜事都找他处理。芦德瑞还会看病，哪家的孩子受了惊吓，找他一瞧便能完事，因此在红寺街上有着不小的人气，家家户户都愿意找他办事。李长福是当时的保甲长，负责维护村里的治安。王长春俗称"王二愣子"，家境较为富裕。

除了前引和会首之外，香会中还有许多分工明确、组织细致的把头，奉宽曾详细记录了香会中把头的类别：

> 其他执事者，名目不一，因前引，曰裱作把，曰陈设把，曰香首，曰钱粮把，曰中火把，曰司事房，曰水房把，曰粥茶把，曰神堂把，曰承办督管，曰买办把，曰值棚督管，曰看守茶棚。[2]

并非所有的香会都有以上的把头。旧时的香会一般有香首、前引、司事督管、钱粮督管、中合（火）督管等维系香会运转所需的把头即可。在这些督管中，司事督管协助会首处理香会大大小小的事务，钱粮督管负责管理钱粮瓶，中合督管负责茶饮厨房之事。

有的武会还有文场和武场两位督管。文场即武会表演时在一旁

---

[1] 奉宽.妙峰山琐记[M]//姜德明.书边梦忆.北京：中华书局，2009.
[2] 奉宽.妙峰山琐记[M]//姜德明.书边梦忆.北京：中华书局，2009.

号佛伴奏的群体，武场是香会表演的练儿，文武场督管是管理相应人员的督管。文场的乐器通常包括咚字锣、单皮鼓、铙钹八扇、战鼓一架和叉锅一对。并非所有的武会都有文场，武会配不配文场有着一定的说法。一般来说，练儿中自带乐器的香会不设文场，大鼓会、天平会、吵子会、秧歌会不设文场。表演的程式与文场冲突的，亦不设文场。因为文场响动太大，怕惊扰了狮子，因此狮子会不设文场。中幡、踏车、双石等会，因为表演难度太大，文场响动容易导致练儿分神，也不设文场。在十六档香会中，只有小车会、旱船会、开路会和五虎棍会设有文场。值得一提的是，旧时的香会中，武会中所有的角色都是男性承担。

海淀区小南庄文场一堂

4. 新会成立的仪式
——贺会

新成立的会，必须要举行贺会仪式。贺会前，新会必须举行"小约"，邀请会档子里有名望的前引检查新会的道具陈设和组织结构。香会的道具一般包括督旗、门旗、笼幌，亦包括香会本把的表演道具。门旗是一对镶火焰边的大三角门旗，正面绣着本会的名号，如"聚友同心"、"众友同乐"、"玉海升平"等字样，背面绣着香会种类，如"天平圣会"、"开路圣会"、"小车圣会"等。门旗两侧挂有白色飘带，上面写着本会历史，包括诚起日期，贺会、重整（若有的话）的日期及前来参加贺会香会的名录。走会时，门旗通常走在最前面，起着设门的作用。手旗式样和门旗相当，只是尺寸小得多。走会时，会头、前引多拿着手旗指挥会员。笼幌是指盛放钱粮的容器，

刘家村同乐义善五虎少林会门旗

亦被称为"钱粮担子"或"瓶"。笼幌多用筛子做成,外面刷了一层黑色的油漆。笼幌通常分为高矮两对,每个笼幌的上方插着四面手旗,亦系着许多铃铛。"钱粮担子"是平时用于存放香会道具的工具。给娘娘上供的供品亦盛放其中,停驾时亦可作设寨门之物。督旗、门旗、笼幌是每个香会必须具备的基本道具。此外,依据香会名目的不同,各个香会还有自己的表演道具。

笼幌

新成立的会应具备相应的人员,即包括会头、前引、各类把头和一定数量的会员。经过前引检查合格后,方能准备贺会。贺会前,新会要给"井"字里各个香会的前引下帖,邀请前引们前来参加贺会。贺会当天,在总头把子的主持下,首先宣读贺会表文,宣读完毕后开始给所有角色

会头所拿即为手旗

开脸、点睛。此后在老前引的指挥下,新会将家伙道具放置好,同时供上本会的祖师爷,俗称"设驾"。老前引把香点燃后,将其传给新会首,新会首叩拜。此后则是"攒旗"。"攒旗"时,前引将手旗赠与会首,新会开始起响,给祖师爷三拜(俗称"三参")后开始在街

里走动，贺会仪式宣告结束。结束后，新会还要请所有参与贺会的前引一起聚餐。值得一提的是，所有参与贺会的香会的会万都会写在新会的手旗上。

　　2013年10月5日，北京市朝阳区东直门外东营众友同礼开路圣会举行了贺会仪式。当天早上八点不到，京城内外三十多档香会齐聚在昌平区乡居楼宴会厅。众友同礼开路圣会的贺会邀请了包括"井"字里香会最后一任总头把子隋少甫的徒弟黄荣贵、赵宝琪等多位把头，亦邀请了太平同乐秧歌圣会、群英好善小车圣会、德清善缘鲜花圣会、刘家村蜈蚣岭五虎打路少林圣会等三十余个老会及其把头前来参加。按照"井"字里香会的规矩，新会贺会，前去道贺时一般多是赠送一块红布，上面书写着对新会的祝福，俗称"挂红"。在乡居楼的宴会厅内，四周的墙壁上挂满了前来贺会的会首们赠送的红布，写满了各个把头的祝福。十点整，在东城区民协主席张加贵的主持下，众友同心中幡圣会会首黄荣贵为新会贺会叫香，众友同礼开路圣会的贺会仪式正式开始。黄荣贵叫香完毕后，众友同礼开路圣会的会头范国辉上香，并给祖师爷磕头叩拜。新会首磕头后，则由德清善缘鲜花圣会会首陈德清为开路圣会开脸。84岁的陈德清老人每年庙会都会前往妙峰山守驾，深得各位把头的敬重。陈德清双手高举，将放置在一旁叉头上蒙着的黄纸挑开，意为给新会"开脸"。开脸后，老会首黄荣贵为新会攒旗，黄荣贵将众友同乐开路圣会的手旗赐给会首。接过手旗后，新会会首范国辉参拜祖师爷地藏菩萨，参拜众位到场的会首。一旁伴奏的文场起响三次，是为"三参"。此时，诸位当场的会首们将放置在一旁笼幌上的旗帜解开，各自拿着手旗，与新会会首一道参神案。诸位会首参驾完毕后，群英同乐小车圣会会首孙忠喜宣读贺会表文。此后，会首范国辉率领开路会文武场走出宴会厅，在乡居楼大舞台献艺表演。开路会表演完毕后，会首邀请前来贺会的诸位把头一起聚餐。直到下午，整个贺会仪式才宣告结束。

贺会是"井"字里香会内部的通过仪式。没有经过贺会的会被称为黑会，一旦出来活动，便会遭到城里其他前引的阻挠和拦截。贺会以后，如果三年不走会，就得重新整理道具陈设，称为"重整"；五年不走会，就得重新邀请前引贺会，称为"重贺"。

5. "井"字里香会的等级

按照香会诚起时间的长短，"井"字里的香会分为不同等级。新成立的会通常称为圣会，过了百年的会称为老会，老会在地位等级上要高于圣会。如果同一个会种，"井"字里只有圣会一堂，当这个会种有新会贺会后，不足百年的圣会亦可称为老会。圣会遇到老会时，除了应有的礼节外，圣会会首对老会会首要毕恭毕敬。如若不然，老会的会首可以随时对圣会挑眼。虽然挑眼过程亦是香会规矩传承的过程，但对于新会而言，由于缺少必要的行香走会经验，老会的挑眼常常会让他们措手不及、颜面尽失。为了防备老会挑眼，在见到老会时，圣会会首一般都会恭恭敬敬，尽量不与老会交恶。

旗人的身份以及密集的前引关系将"井"字里的香会置于一个相互牵连的关系网络中，在其他前引和总头把子们的强大压力下，香会会首不敢私自逾越等级。然而，皇会的出现却打破了"井"字里香会原有的等级。

香会中的皇会可以分为两种。一种为"皇家会"，他们是跟随皇帝参加太庙祭祀的六档香会。这六档香会是皇家私人的会，与民间并无任何往来。此外，皇宫内八个部门均有自己的会，俗称为"内八档"。"内八档"包括兵部的杠箱、刑部的五虎棍、户部的秧歌、礼部的中幡、工部的石锁、吏部的双石、掌仪司的太狮和太子府的花坛八个会。"内八档"通常在皇帝登基、成亲、祝寿时参加庆典表演。"内八档"的的练儿们世代传承，表演技艺高超。民国时京城香会总头把子隋少甫的父亲隋星甫就曾是京城最后一个皇会的杠箱官。清朝倒台之后，"内八档"走出了皇城，1938年还曾在北海举行义演，此后便销声匿迹了。

与"井"字里外的香会不同，皇会仅服务于皇家，是为皇家的江山社稷安定与娱乐需求而成立的组织。尽管是从民间吸取的精华，皇宫的高墙大院却将其与"井"字里其他香会隔绝开来。清末，随着以慈禧太后为首的清朝皇室对香会的参与，"井"字里香会的等级发生了变化。

光绪二十五年（1899年），慈禧太后前往妙峰山朝顶进香，赠予妙峰山精美的匾额。慈禧太后的参与大大鼓励了北京香会朝顶进香。相传，慈禧太后特别喜好香会，尤其是武会的表演。按照行香走会的规矩，行香走会的香会必须见驾才参，方可献档，旁人万万不能无故截会表演。但为了满足慈禧太后的喜好，下人便在颐和园北侧的大有庄南侧临时搭建彩棚，棚下陈列众多仪仗，门口摆好茶桌糕点，以太后的名义，向在妙峰山进香后返回经过颐和园的香会发出谕旨，要求每会到达大有庄时必须表演。为了观会，慈禧太后还在颐和园修建了眺远斋，民间称其为"看会楼"。民间传说，每次瞧会，慈禧太后都是从乐寿堂正门出发，经水木自亲前面的码头上龙舟，乘船经后湖到眺远斋。慈禧太后就座以后，下人在眺远斋旁举起小黄旗，会首们见黄旗便知慈禧已经就座，立即开始表演。如果香会表演精湛，慈禧太后会当场赐三角黄龙旗一面。慈禧太后不仅在眺远斋观会，还把一些技艺精湛的香会请到颐和园内表演。六郎庄的五虎棍会、西北旺的高跷秧歌会、孟村的旱船会都曾进颐和园表演过。光绪二十四年，慈禧太后还把"天下第一会"的旗子赐予了西北旺高跷秧歌会，并赏赐了一副会笼子和一件黄马褂。

皇会的出现打破了"井"字里香会原有的阶序。对于耗财买脸的旗人们而言，皇会成为"井"字里香会竞相追求的目标。为了能有机会在殿前献档，大量香会下山时会绕道颐和园，以期得到慈禧的赏赐。

四　朝顶进香

——"井"字里香会的规矩礼节

"井"字里的香会以对规矩礼节的讲究而闻名。这一规矩礼节不仅表现在香会诚起过程中必须完成的一系列仪式，更包括行香走会过程中对香会之间打知、参驾、盘道、叫香等一系列程式的讲究。对于"井"字里的香会而言，规矩礼节的讲究不仅是显示身份的重要标志，更是凸显其高于"井"字外香会的重要特征。

1. 朝顶进香的日程安排

除了形成固定的类别、组织机构以及等级结构外，"井"字里的香会在朝顶进香过程中形成了一整套规矩礼节。香会组织朝顶进香的过程便是这些规矩礼节展演的过程。从当年"响墙茶棚"的"会报子（会启）"，我们可以看出旧时"井"字里香会朝顶进香的日程安排：

兹因京都顺天府大宛二县，旗民善信人等，每逢春秋二季，前往京西金顶妙峰山灵感宫，恭谒天仙圣母碧霞元君懿前、昊天金阙玉皇上帝御前、东岳天齐仁圣大帝驾前，呈献香供等仪。年例：春季于三月二十九日，原在东安门内妞妞房高宅，今移地安门内内宫监刘宅守晚。三十日大众起程，至海甸街中伙，晚至北安河上坎，响墙茶棚，安坛设架，一切齐备。于四月初一日大众呈供拈香；随即诚献粥茶十四昼夜，以预朝顶来往众善便宿。初十日大众封表，朝顶进香，交纳现年钱粮，云马疏词。当日回香，在本棚驾前，酬恩了愿。

十五日进京。仍由旧路中伙,至高宅(原高宅今刘宅)送驾。秋季则于七月二十五日起身。八月初一日回香。右启请。承办会末众等同拜。[1]

旧时,在择定朝山日期后,会首通知所有会员。正式朝顶前,会首必须做好一系列朝顶进香的准备。首先,会首必须在家设立祭坛,

三参

---

[1] 奉宽.妙峰山琐记[M]//姜德明.书边梦忆.北京:中华书局,2009.

表示香会活动的开始。出发前一天，所有会员到约定地点集合。会首在集合地点处供上娘娘和祖师爷，俗称"设驾"。会员们到齐后，众人给娘娘和祖师爷上香。当天晚上，全体会员还要在此守驾，会首强调诸如包括素食、禁酒等朝山过程中的禁忌。正式出发前，会首要燃香敬祖，此后开始放炮，俗称"号炮三声，拔营起寨"。出发后，香会按照装钱粮的笼幌在前、武场在后的顺序走动，俗称"兵马未动，粮草先行"。朝顶途中，香会须边走边沿途焚化香纸，为娘娘"缴纳钱粮"。到了妙峰山后，香会首先需要到山脚的灵官殿处报号，此后才能上山朝顶进香。朝顶完毕后，香会下山前先要在回香亭"进香"，和各位神灵"告辞"。回京后要将碧霞元君圣驾供奉在香会之中。直到会员们卸妆完毕，整个朝顶仪式才宣告结束。对于文会而言，大部分仪式与之相似，只是朝顶前须开棚设驾，在此行善多日，四月初八后才能朝顶进香，下山过程也与武会相当。

朝顶途中，香会之间的交往有着诸多规矩礼节。武会碰面，在彼此相隔五十步时，交往双方便要停止一切活动，称为"停响闭点"。此时，负责挑"钱粮"的钱粮督管要使挑子下肩。双方前引上前行礼换帖，向对方介绍自己的身份，以示对对方的尊重。此后则互请先行，待两会走远后，彼此同时奏响乐器，大展门旗，颠瓶振铃，各奔前程。路遇文会时，武会须在五十米外停止活动，会首拿着会旗拜知，文会前引拿会旗相迎，双方行三参礼，换帖合缘。此后，前引先在门外行三参拜礼，分别参拜茶棚设置的七星纛旗、参辕门和二十八宿值日，之后入棚参拜老娘娘。参驾完毕后，武会开始献档表演。

2. 太平同乐秧歌圣会朝顶进香的回忆

前述只是朝顶进香的一般流程，下面我们根据朝阳区红寺村太平同乐秧歌圣会会首赵凤岭的口述，对旧时"井"字里香会朝顶进香的仪式与过程进行细致的描述。

在秧歌圣会会首选定朝山日期后，便在朝山前两三天开始刷报头。报头又叫报子，是一张写着某年某月某日上山进香的纸条，纸条的下方写着落款——太平同乐秧歌圣会。刷报头是为了提醒会员们做好走会的各项准备。走会当天，会头门口插上红色的督旗，提醒会员今天走会。

旧时，太平同乐秧歌圣会会员均是步行前往妙峰山。在整个香会队伍出发前，先派出会员在香会朝山沿途所经各村的路口、树干处刷报头。刷报头的目的在于告诉沿途各村文武各会，太平同乐秧歌圣会要经此前去妙峰山朝顶进香。报头必须注明会名和途径日期。走会当天，会首将门旗插在门口，称为"按眼"。同时会首要将祖师爷唐明皇请到案上，上香供奉。此后，会首开始清点表演所需的各种家伙什儿，将门旗、蓝色的笼幌拴好。

家伙什儿收拾完毕后，会首们开始等待会员们的到来。通常情况下，会员们在凌晨三点多钟就会聚齐，晚到者要受跪罚香，甚至会被取消朝顶的资格。[1]人员聚齐后，练儿们开始化妆。

所有人员化妆完毕，香会开始列队拜师拜瓶。拜师祭瓶时，所有会员手持表演的各种家伙什儿，按照队列的顺序上香磕头。祭祖、祭瓶仪式完毕后，所有会员开始响动家伙什儿，敲起"起鼓点"。"起鼓点"是走会开始和参拜仪式的鼓点，鼓点多演奏三遍，也称"三参"。"三参"后，练儿们在会首家门口外开始燃放"二踢脚"，在阵阵的鞭炮声中，整个香会按序走出会首家。此时，"起鼓点"换成"走鼓点"。在行走的队列中，走在队伍最前列的当属挑着钱粮的挑夫。

整个香会按照既定的路线，沿所刷之报子向妙峰山行进。沿途所经村庄的香会会在路旁设驾。远远地看见设驾的香会，前引在距驾较远处就命令会员们停响闭点，等两会参驾完毕，出村后才能重新起响。若该村香会会首主动前来迎接，本会会首互道"虔诚"后开始寒暄。通常情况下，本会会首会说：

> 老督管，小会是红寺村太平同乐秧歌圣会，要到京西莲花金顶妙峰山朝顶进香，路过贵宝村。望请老督管网开一面，行个方便，借路一用。小会无不感激，等小会朝顶进香回来再来拜谢，在下这厢有礼了。

如果对方会首也通晓会规、会礼，通常会回答：

---

[1] 中国民族民间舞蹈集成编辑部. 中国民族民间舞蹈集成（北京卷）[M]. 北京：中国ISBN中心，1992：699.

岂敢岂敢！您老会前往进香，路过本小荒庄野村，真给咱增光也，在下无不敬重。即是保香，弟子不敢耽搁，等您老会回香，在下奉茶水一杯，与您接风道乏，您请您请。

本会前引继续说道：

多谢老督管，既然得到您的应允，劳您大驾，您给小会带过去，在下这厢有礼了！

说完，前引再下一参，即左手持手旗旗杆、右手握旗面，半蹲参驾。对方前引说道：

岂敢岂敢，在下无能，岂敢在您老会面前施展，在下领命也就是了。

两位会首携手相进，整个香会队伍跟随过村。到离村路口时，本会前引客气地说：

多谢老督管，有劳您的大驾，待弟子上香回来再来拜谢。

对方前引答：

好说老督管，请您慢走，一路保重。

等整个队伍出村后，朝山的香会这才开始起响。

在去往妙峰山的路上，香会还会遇到众多朝山停驾的香会。通常情况下，在距离停驾香会十来米远的地方，前引就要命令本会会员闭点，并前去参驾打知。打知时，两方前引左手持杆、右手持旗，紧抢两步，就地一参，完事后互道一声"您虔诚"。打知后互换知帖。知帖是一张半寸宽一寸长的白色小纸，上面可写"拜知，贵会(棚)老督管，太平同乐秧歌圣会全体会末众等同拜。会址左安门外红寺村内"。对方通常会拿出同样的知帖相互对换。互换知帖后，本会会众要等对方香会彻底走开后方可起响。如果遇到一些不懂规矩的前引不参拜，停驾香会可以将瓶横在路上，挡住其道。遇到这种情况，明白会规会礼的前引会主动上前道歉。如果遇到一些不懂规矩的，通常会发生打斗事件，最终只能通过会档子加以协调，直到失礼一方主动赔礼道歉后才算完事。

出发当天的傍晚，太平同乐秧歌会走到妙峰山脚下，通常在此停驾。停驾时将钱粮担子横放，称为"设门"。所有会员在停驾期间不得响动家伙，此即"偃旗息鼓，安营扎寨"。

第二天一大早，本会会员上山朝顶。妙峰山上有粥棚、茶棚、馒头会和鲜花圣会等守驾棚会，朝顶之前前引均要一一打知。以守驾的茶棚会为例，在与守驾的老督管打知时，本会的前引会客气地说："茶会老督管您虔诚了！"茶会老督管见到前来打知的前引，会左手持杆、右手持旗，拿起手旗迎上前来，紧抢两步，就地一参"您虔诚！"本会前引回到："老督管，您守驾有功，小会备薄帖一份，不成敬意，望您笑纳。"茶会的督管通常说："岂敢岂敢，换帖合缘。"两个前引互换一份知帖，即换帖合缘。换帖后，本会前引会推辞："老督管，我们有重任在身，就先去朝顶进香了，回头再拜见。"换帖后，本会才开始前去朝顶。前引打知、换帖时，本会会众均得停响闭点，过了守驾棚会后才能再次起响。起响后，前引率领会众上山朝顶。朝顶途中，如果有山门，该抢则抢。过山门时，全体会员必须停响闭点，过后方能起响。如果路遇回香香会，两会均得停响闭点，两会前引互道虔诚，互换知帖。通常情况下回香的让进香的先走，两会错过后才开始再次起响。

到达正门外，钱粮担子拆分为两边，左高右低，由排列在两边的会员队伍从门内提过，等后续会员队列陆续走过钱粮担子，再将钱粮担子横过来关闭寨门。设驾以后，本会前引位于两边队列前面的中间位置，旁边的两位会员横拉一张先前写在黄纸上的吉祥表文，前引站在中间念表文。进香表文一般这样写道：

> 启禀京西莲花金顶妙峰山灵感宫碧霞元君老娘娘，娘娘驾前禀会，娘娘圣灵普照我一方百姓，年年风调雨顺，平安度日，无灾无难，我一方百姓无不感激。偶有小疾，娘娘驾前，焚香一炷，有求必应，清灾清难，皆娘娘慈悲也。我一方土地，乃佛光普照之地，皆善男信女之生地也。固京西莲花山金顶妙峰山碧霞元君娘娘驾前香火旺盛，四海皆知，众善男信女无不服地也。我会会万年年朝顶进香，吉祥表文，焚香叩拜，恳请老娘娘慈悲，保佑我一方百姓平平安安，无灾无难。众弟子俯首叩拜，太平同乐秧歌圣会全体会员再拜，焚表，某年某月某日。

念完表文之后，前引手持高香，开始"叫香"：

> 见见妙峰山各位工作人员，见见京都顺天府大宛两县京

都六部十三档文武各会老督管，见见三村五里，四乡八店，北京四九城文武各会老督管，左安门外太平同乐秧歌圣会，上香有鉴。

将表文点燃，会众们集体叩拜，即"焚香叩拜"。叩拜完毕后开始献档表演。此时，文场的鼓点换成节奏较为简单的动作点。按照秧歌会的程式，所有的会员按照队列的顺序成对表演，秧歌会表演的顺序是头陀、小二哥、文扇和武扇、渔夫和樵夫、俊锣、俊鼓、丑锣、丑鼓。会员们主要表演"走场子"。"走场子"包括八套动作，根据

参拜守驾之文会

最先表演的头陀动作的不同而有所变化。头陀的动作有八套，分为上、下四套。上四套指头套"朝天蹬"（也叫"上扎草"）、"过脑"、"双背剑"和"下扎草"；下四套包括头套"过脑"、"单背剑"、"下扎草"和"三转身"。完整的一套表演称作"走全场"。会员们表演时，旁边的便装会员还须在旁伴唱，伴唱的主要内容是与表演内容并无关系的八仙。

献档表演完毕后，会员列队出庙门祭塔和祭拜本会所立之碑。祭塔、祭碑完毕后就地献档表演。表演时，均用钱粮担子封门。献档表演完毕后，秧歌会往回参拜守驾各棚会，向守驾各路棚会致谢。守驾各会如有督有旗的，参督参旗参驾；棚内若有二十八宿的，请老督管指点值日星，前引参拜。值日星参拜完毕，朝顶武会挨个在驾前献艺。全部参驾完毕后，响起回香鼓点。回香鼓点比上山前稍许缓慢，过回香亭时，文场闭点回香。回香途中，如路有茶桌献茶，谢茶献艺。回香途中，会员们均不能说话，到达会首家后，前引拜祖师烧平安香。至此，朝顶过程完毕。

五 "井"字外的会

——村落生活的组成

与"井"字里的香会不同,散布于京郊各村的"井"字外的香会并没有形式统一的组织与规矩礼节。结合当地富有特色的社火表演,各村的香会形成了风格各异、极具特色的表演内容。而作为村落集体的象征,各村的香会不仅在各大庙会时率领村民们前往各处行香走会,亦承担了本村红白喜事助善的义务,服务于村民的日常生活。

1. 社火表演

旧时，京郊各村都有着丰富多彩的民间社火。太平鼓是门头沟大峪村村民重要的娱乐方式。每逢腊月，村头院落，鼓声咚咚，村民们不论年龄大小、辈分高低，均在一起玩鼓作乐，春节期间更要组织鼓会踩街游行。石景山古城村也有石锁、秧歌、中军等多种民间社火。在温泉村，每年春节的秧歌戏是不少老人对于旧时年节的美好回忆。在门头沟的千军台和庄户村，每年正月十五、十六，都有耍幡的传统。在东边的怀柔年丰，村里有着开路、狮子、少林、高跷、十不闲、吵子、小车、地秧歌、一枝梅和五虎棍等多种杂耍技艺，每年春节，村里要举行热闹的踩街，有钱人家还要接桌。到了正月十五，村民们聚集在村北的槐树下，热热闹闹地"送圣"。

随着邑会的发展，这些原本属于民间社火的表演内容被纳入到行香走会中来。与"井"字里的香会相比，这些在民间社火基础上形成的香会在表演程式上名目繁多，有扑蝴蝶、跑竹马、腰鼓、跑驴、猪八戒背媳妇、炮会、老汉背少妻等"井"字里没有的种类繁多的表演，风格上也更为大胆。"井"字外的香会不仅允许女性入会，甚至还有着被"井"字里的会首视为"猥亵"的表演。在众多表演中，以流行于京郊各村的"老汉背少妻"为"井"字外香会表演的代表。

老汉背少妻，共有"老头背少妻"、"丑和尚抢亲"、"二人摔跤"等三种路数，皆由盔头制作成假人头戴架子，穿二个人的衣服，一人钻进架内，该假头在胸前因两样衣服不同，视之真如两人。老头子背少妻，表演者扮一花旦形，胸前假人头为白髯老者，两半截衣服，假手向后拢着女人假腿及小脚，真人下身却是老人装束，跳跃起来招数很多。和尚背女人亦如之。扮摔跤的真如两人摔跤架势。该会打锣鼓代吹哨子，其音是乌迪乌迪启格梨迪，不咚不咚不儿隆咚，亦大有趣味。[1]

太平鼓表演

---

[1] 金勋. 妙峰山志[M]. 北京：首都图书馆影印本，2008：32.

老汉背少妻

跑驴

2. 村落的进香

民间社火原本是村落内部的集体性游艺活动,在与朝顶进香的邑会结合后,"井"字外香会的朝顶进香也成为村落社区的集体性活动。在经济条件并不富裕的"井"字外的农村,香会组织的朝顶进香有赖于全体村民的鼎力相助。在怀柔年丰,善缘老会每年前往丫髻山朝顶前都会挨家挨户募捐筹款,称为"踩泥"。温泉村的秧歌会,每年走会时,会首便拿着口袋到各家去征收玉米、小麦,拿到集市上卖掉,用来置办道具、灯油等所需供品。石景山秉心圣会的活动资金亦是来源于村民们的捐献。每年四月十五,朝顶完毕后,村民们开始捐款,五月初一后便将捐得的钱款借给村内民众,按照百分之百的利息,约定到第二年四月初一统一收回,朝顶进香的开支即来源于此。在京北的平郊村,每年走会的开销就来源于村里富户的捐助。[1]

朝顶进香的目的在于祈求得到神灵的庇佑,"灵验"成为"井"字外香会选择进香地点的重要依据。与"井"字里香会只走一股香道的规矩不同,"井"字外香会的进香地点并不统一。京东的香会多前

---

[1] 陈永龄. 平郊村的庙宇宗教 [D]. 北京:燕京大学社会学系,1946:14.

往平谷丫髻山朝顶进香；京西香会进香地点较为分散；南安河善缘老会旧时前往涿州娘娘庙进香；平郊村的香会除了前往妙峰山朝顶进香外，每年还会前往西顶广仁宫和涿州广翊宫进香；门头沟东辛房到东店一带的香会，每年都会前往九龙山娘娘庙进香；西北旺高跷会，除了参加妙峰山庙会以外，亦会参加四月二十八太舟坞药王庙会、七月十三日北坞王奶奶生日庙会、五月十三日皂甲屯三义庙庙会，此外还会参加太舟坞黑龙潭求雨活动；而丰台十八村的香会每年都去看丹药王庙进香。

这些民间社火在承担进香任务的同时，亦承担着助善的义务。

丰台看丹药王庙会

"一村一处有礼庆贺时，皆举行走会"。[1]村里面有红白喜事时，香会都前去表演。一旦村里有人过世，香会文场更是临时充当吹鼓手，参加送三、出殡等仪式活动。由于"井"字外地缘广大，村落散居各处，作为村落内部的民间组织，"井"字外的香会较少与外界联系。不仅香会之间的基本表演程式各不相同，朝顶进香的地点也并不一致，更没有形成固定统一的组织结构和规矩礼节。

民国年间，"井"字里的会档子占据了妙峰山，"井"字外的香会若要前往妙峰山朝顶进香，必须在会档子处登记，经过贺会后才能前往。1924年，红寺村太平同乐秧歌圣会通过这样的方式实现了从"井"字外到"井"字里的转变。太平同乐秧歌圣会是芦家从东北带到京郊红寺的，尽管技艺突出，秧歌圣会却一直只在村里活动。直到民国年间，京城香会总头把子陈永利为秧歌会举行了贺会仪式，才将香会带出了红寺。为了达到贺会的标准，太平同乐秧歌圣会不仅制作了门旗、拨旗、笼幌等器物，置备了秧歌会所有行头，亦按照规矩制定了固定的组织结构。此后，会首芦德瑞拜了京城四大前引之一的景荣为师，秧歌圣会才走出红寺，前往妙峰山朝顶进香。对于"井"字外的香会而言，从"井"字外到"井"字里，不仅是香会身份的转换，更意味着"井"字外的香会认同了"井"字里香会的规矩礼节，加入了"井"字里的体系，并按"井"字里的规矩活动。

---

[1] 张淑媛、张淑新.金銮殿朝夕——八旗、太狮、嚎丧鬼[M].北京：中国城市出版社，1996：108.

六 隋少甫与北京香会

在如今的北京香会圈里,隋少甫的名字无人不晓。尽管隋老爷子过世已近十年,但直到现在,"井"字里外的诸位把头依然十分怀念他。正是在隋少甫等诸多热心会首的支持下,在经历清朝倒台、抗日战争与"文革"浩劫后,北京地区的香会依然活跃在各个舞台。隋少甫把一生都献给了他所热爱的行香走会。他的境遇与北京香会的命运融为一体,共同经历了20世纪的艰难险阻,并在世纪末迎来了新的辉煌。

1. 走会耗得倾家荡产

民国八年（1919年），隋少甫出生在和平门内的香炉园头条胡同。由于隋少甫的父亲隋星甫是当时京城仅存的杠箱官，隋少甫经常跟随父亲一起走会。在父亲的熏陶下，年幼的隋少甫对行香走会产生了兴趣。

在隋少甫14岁的时候，自行车成为北京城里的新鲜玩意。年幼的隋少甫被英姿飒爽的自行车手吸引住了，便跟随魁世风学习踏车技艺。当时恰逢张慧明诚起了京城第一档踏车会，隋少甫便加入了踏车会，成为万里云程踏车圣会的一员。见隋少甫头脑聪明，且真心热爱踏车技艺，几年后，张慧明便将万里云程踏车圣会会首之位传给了隋少甫。民国二十六年（1937年），18岁的隋少甫就成为了万里云程踏车圣会的会首。"井"字里的香会向来讲究规矩礼节，在苦练踏车技艺的同时，隋少甫拜京城四大前引之一的景荣为师，跟他学习朝顶进香的规矩礼节。随着隋少甫的踏车技艺和对规矩礼节的掌握不断成熟，他在京城香会界逐渐有了名气。

成为踏车会的会首后，隋少甫每年都会率领会众前往妙峰山朝顶进香，尽管朝顶过程路途艰难、开销很大，但深受师傅影响的隋少甫始终坚持"分文不取，毫厘不要，茶水不扰"的原则，大到准备朝顶路上的干粮、住宿开销，小到必备的药品，整个朝顶过程的花费均是他一人负责。当时，隋家的家境已大不如前，早已无力负担行香走会的各种开销，于是耗财买脸的隋少甫开始变卖家产。一开始，隋少甫只是变卖些家具和生活用品，到了最后甚至祖产也被他变卖干净。在女儿隋雪艳面前，回忆起当年走会经历的隋少甫这样说道：

> 走会是民间玩的玩意。玩有两个概念，一个是天桥的艺人，他在那儿撂地耍把式，练得多挣得少，为什么不值钱呢？因为是他下海了，挣钱去了；而走会则是分文不取，咱们大家就在一起为了练习，大伙一块图个乐呵，聚在一起看看谁的技艺好，互相比试，就是这个玩意，没有任何挣钱的余地。

尽管走会耗得倾家荡产，为人豪爽的隋少甫却赢得了香会界的赞许，卓越的领导能力逐渐显现，颇具号召力的他逐渐成为京城香会的主力。1934年，南方遭遇洪灾。当年的农历七月十四，隋少甫组织万里云程踏车圣会及"井"字里的诸多香会在北海公园献档表演，募集救灾善款。随着抗日战争爆发以及接踵而来的北京沦陷，北京地区的香会数量迅速减少。1942年，妙峰山的建筑群在日军的轰炸中沦为废墟，延续数百年的妙峰山庙会中断在日军炮火声中。妙峰山庙会中断后，能够出来走动的香会已是屈指可数。在动荡的局势下，隋少甫和他的踏车圣会也停止了活动。

2. 从杂技团艺人到黑帮分子

新中国成立后，随着社会秩序的逐渐稳定，北京地区的香会逐渐恢复了活动。然而，香会组织的朝顶进香却与社会主义文化建设的诉求大相径庭。在社会主义文化的改造下，"井"字里外的香会成为国家宣传队伍中的成员，在表演内容和唱词上都进行了较大规模的改革。不少香会深入到田间工地，为国家的社会主义建设事业献档表演。怀柔年丰的善缘老会曾到怀柔水库建设工地献档，丰台刘家村的五虎少林会亦曾参与新中国成立十周年的天安门庆典。

在香会改造成为国家宣传队伍成员的同时，凭借在香会圈里的威望和高超的踏车技艺，隋少甫也被招工进了北京杂技团，成了社会主义国家的一名杂技演员。在20世纪50年代，隋少甫经常跟随北京杂技团在全国各地表演踏车技艺，他甚至走出国门，前往苏联表演。但他的演艺生涯随着文艺政策的改革中断了，1964年，隋少甫被转业安置到了崇文区国棉一厂，成为了一名工人。

尽管"井"字里外的诸多香会都已经历了社会主义文化改造，但在"文化大革命"开始后不久，北京地区的香会还是被贴上了封建迷信的标签，遭受了巨大的浩劫。不少香会的行头、唱本毁于一旦，那些曾经走会的会首也纷纷被贴上"黑会首"的名号，成为批斗的对象。隋少甫在"文革"期间被打成了"黑会首"和"封建迷信组织者"，上政治学习班、蹲牛棚、写检查成为他生活的常态。

虽然遭受了批斗，隋少甫始终放不下玩了一辈子的踏车技艺。在局势稍微稳定后，隋少甫便四处寻摸排练的场所。见到龙潭湖公园附近的城墙根少有人迹，隋少甫便每天傍晚来到此处，偷偷练习踏车技艺。正是在这里，隋少甫结识了阎德利、黄荣贵等年轻人，并指导他们玩起了中幡和踏车。

3. 香会泰斗的春天

随着"文化大革命"的结束,在怀柔、密云等远郊区县,劳作之余的村民们重拾村落走会的传统。尽管远郊区县的香会已经开始活动,但在城市严格的管理下,隋少甫还不敢公开恢复香会活动,只是组织了一个融合杂技、说书、弹唱等多种表演形式的草台班子,四处献艺表演。

1983年春节,久未练车的隋少甫突然让女儿隋雪艳熟悉踏车技艺。当年正月初二,在隋少甫的召集下,包括万里云程踏车会、合义同善五虎棍会、常家坟高跷会等几档香会,从西城的官园小学出发,边走边演,一直走到了车公庄立交桥上。隋少甫组织的踩街受到了民众的热烈欢迎,两旁的街道上挤满了观看的群众。第二天,隋少甫又联合协力同乐中幡圣会会头阎德利、幼童学善秧歌圣会会头常春喜、五虎腾牌少林会会头刘德仁、掌礼司万寿无疆太狮老会会头董振平和同聚公乐云车老会会头杨环等多位把头,在崇文区幸福大街举行了踩街表演。参加踩街的香会从崇文区燕京评剧团出发,经三转桥到南岗子街,经文昌宫走到了南岗子马路,最后在幸福大街文化宫解散。因为这次踩街并没有得到崇文区文化局的批准,所以踩街行进的路线并不长,但围观的群众却是人山人海、热闹非凡。当年参与踩街的张加贵回忆到:

> 走会那天,被北京城各处慕名而来的群众围得水泄不通,人山人海、万人空巷,人们挤得实在没地儿了就爬上房顶甚至电线杆,叫好声、喝彩声此起彼伏,不绝于耳。

隋少甫组织的这次踩街对沉寂了近四十年的香会产生了巨大的影响。一些历史悠久的老会在这次踩街的鼓舞下得以重整,一大批新会更是在此次踩街后得以重贺。鉴于这次踩街的巨大影响,崇文区有关部门决定,于1984年春节期间在龙潭湖公园举办"1984年春节民间花会联欢表演",也即第一届龙潭湖庙会。当年春节,隋少甫联系了北京城内几档香会,按照旧时香会献档的规矩,在龙潭湖公园举行了改革开放以后北京第一次春节庙会。诸位会头在隋少甫的带领下,从大库东房的竹棚里出发,一边走动,一边表演。在到达会场后,诸位会头依次举行叫香仪式,此后开始献档表演。崇文区文化馆成立了花会联谊会,选举隋少甫为联谊会会长。在隋少甫的大力支持下,1987年,龙潭湖庙会更是扩大为全国民间花会大赛。每年春节,隋少甫四处联系、走访,邀请技艺精湛的香会前来献艺,龙潭湖庙会也一跃成为京城香会新的活动中心。

在组织筹备龙潭庙会的同时,隋少甫也在试图恢复香会的朝顶进香。由于朝顶进香的特殊性质,在政策并不明朗的20世纪八十年代,隋少甫不敢贸然前往妙峰山进香。最早前往妙峰山进香的是石景山古城村的秉心圣会。1988年,在老会头常守志的带领下,秉心圣会一行一百六十多人，满旗满幌前往妙峰山朝顶，成为改革开放后第一档前往妙峰山的香会。常守志带着一百六十多人到达涧沟，时任涧沟村村长的王德凤接待了他们。旧时的庙宇只剩些断壁残垣，没有人驻守。尽管没有茶棚、神案，虔诚的常守志依然率领着百余名会众，前往惠济祠旧址处参驾，并在山上献档表演。

秉心圣会朝顶进香的消息很快传遍了京城内外。得知秉心圣会上山的消息后，1989年五一前夕，隋少甫前往妙峰山与王德凤联系，意图恢复香会的妙峰山朝顶进香。对于隋少甫的请求，王德凤不敢答应。见到王德凤迟疑，隋少甫便一再表示，朝顶进香是他们自愿的行为，只要涧沟村允许他们上山，他们自备茶水，绝不会打扰涧沟村。隋少甫承诺，如果真有什么麻烦，所有责任由他一人承担。得到涧沟村的同意后，1990年，齐万凌的同心助善秧歌老会、黄荣贵的众友同心中幡圣会、刘立才的普善同乐五虎少林会、王永成的圣水长春秧歌老会、张文礼的众友同乐开路圣会、刘文明的同心乐善五虎少林会、马贵祥的太平吉祥中幡圣会和金福元的同心永乐开路圣会，以及隋少甫自己的万里云程踏车老会在内的九档香会，第一次前往妙峰山上山朝顶。

作为"文革"后第一次大规模的朝顶进香，九档香会的活动影响巨大。一方面，诸多老会头在隋少甫的鼓舞下重整香会。已经重整的香会，见隋少甫公开前往妙峰山进香，亦纷纷与王德凤联系，要求前往妙峰山朝顶进香。然而，当年庙会结束后，门头沟公安局便找到王德凤与隋少甫，禁止香会朝顶进香。1991年的妙峰山庙会，只有朝阳区小红门乡红寺村太平同乐秧歌圣会化整为零前往妙峰山朝顶进香。直到1994年，妙峰山庙会明确提出以香会进香发展妙峰山旅游的方针后，香会进香才得到相关部门的允许。

在妙峰山庙会恢复后，隋少甫不仅自己率会前往妙峰山朝顶进香，更是要求自己的弟子在妙峰山守驾多日。1994～1998年，每逢庙会，隋少甫的弟子黄荣贵都会率领中幡会在山上守驾多日。庙会前夕，隋少甫要求黄荣贵将生活用品拉到山上，守驾期间自己做饭，不拿当地香会的一分一毫。此外，隋少甫还动用自己的人脉资源，联系更多的香会朝顶进香。在隋少甫的力推下，旧时香会朝顶进香的规矩礼节也得到了恢复。

在隋少甫的努力下，在20世纪90年代中期，中断了近半个世纪的妙峰山庙会迎来了新的辉煌。据1995～1999年的资料统计，每年庙会，前往妙峰山朝顶进香的香会多达一百五十档。随着朝顶香会数量的增多，妙峰山恢复了"春香"和"秋香"两个庙会，妙峰山庙会成为了京城内外名符其实的金顶。与此同时，东岳庙会、丫髻山庙会、中顶庙会得以恢复，并形成了莲花池庙会、地坛庙会等多个庙会。

在组织香会进香的同时，隋少甫亦乐于提携后人。从20世纪90年代开始，隋少甫先后收了黄荣贵、赵宝琪、张文礼、谢永禄、孙忠喜、邵玉田等多位徒弟，将行香走会的规矩礼节与各档香会的表演程式一一传授给他们。与此同时，隋少甫竭力帮助诸位老会头重整重贺老会，同时提携后人诚起新会。正是在隋少甫的努力下，京城香会重现了百年前"幡鼓齐动十三档"的辉煌。

妙峰山上为隋少甫立的石碑

隋少甫的对北京香会发展做出的贡献得到了京城香会界以及各个庙会管委会的的认可。会首们尊称他为"香会泰斗",并一致公认他为京城香会新的总头把子。2005年,隋少甫去世后,妙峰山管委会为其立有"香会泰斗"一碑,以表彰隋少甫在北京香会发展中做出的突出贡献。

七 当代北京香会群像

在对北京香会发展脉络梳理的基础上，本章将以太平同乐秧歌圣会、众友同心中幡圣会、亲友同乐清茶圣会、聚义同善天缘狮会、怀柔北年丰善缘老会和南安河善缘老会为个案，对北京香会的现状予以呈现。之所以对这六个香会进行重点描述，一方面是因为这六个香会至今仍然能够坚持朝顶进香等活动，在京城香会圈里有着较强的影响力，另一方面，这六个香会在种类上涵盖了文会与武会，在地缘上跨越了"井"字里外，能够较为全面地展现当代北京香会的全貌。

1. 太平同乐秧歌圣会

京城唯一一档地秧歌

红寺村太平同乐秧歌圣会诚起于乾隆二年。按照老北京香会"三年不走会为重整,五年不走会为重贺"的传统,太平同乐秧歌会经历了道光六年正月十五、光绪五年、民国十四年和1987年四次重整。香会的发起人是现今会首芦林的祖辈。据现年96岁的芦德福老人说,这档会乃是他们芦家从东北带来的。至于最早是谁带来的,为何从东北迁至北京,是将东北的原班人马带至北京还是在北京重新立会,均已无从查考。秧歌会的全称为"太平同乐秧歌圣会",因为清朝前期天下太平,人民安居乐业,该会正好成立于这一时期,故起名"太平同乐",取"天下太平、百姓同乐"之意。经过二百多年的发展,红寺村太平同乐秧歌圣会已经发展成为北京知名的花会。

太平同乐秧歌圣会是北京市唯一一档以地秧歌形式表演的秧歌圣会,其表演情节主要从《水浒传》中的"三打祝家庄"发展而来,演出人物主要包括武松、鲁智深、马童、扈三娘、王英、阮氏三雄、燕

太平同乐秧歌圣会

青、石秀、孙二娘、母夜叉、王贵、雷横、朱仝、石迁、李逵等，主要角色则包括头陀、小二哥、文扇、武扇、渔翁、樵夫、锣和鼓等。除了"文扇"、"武扇"、"渔翁"、"樵夫"是一人扮演外，"头陀"和"小二哥"均是两人，"锣"和"鼓"则是四人。"头陀"分净脸（也叫文净）的和花脸的，"锣"和"鼓"又分为"俊锣"、"丑锣"，"俊鼓"、"丑鼓"两队。花会表演时候，依据头陀分成两队：一队是净脸的，即一"头陀"、二"小二哥"、三"文扇"、四"樵夫"、五"俊锣"、六"俊鼓"、七"丑锣"、八"丑鼓"；另一队是花脸的，即一"头陀"、二"小二哥"、三"武扇"、四"渔翁"、五"俊锣"、六"俊鼓"、七"丑锣"、八"丑鼓"。

秧歌会献档表演时，所有的练儿们均须勾脸化妆。净脸头陀头上套蓬发，扎金色月牙箍，左耳旁插一彩色绒球，身穿黑色夸衣、黑色灯笼裤，外套深蓝色坎肩，系背绦，腰系红色大带，脚踏黑色快靴；花脸头陀通常画成花脸和尚，头前有一红色绒球，左耳别一绿色绒球。两个小二哥均戴孩儿发，一人穿红色对襟花上衣、红彩裤、红色快靴，另一人则衣、裤、靴均为绿色。武扇头戴蓝色小生巾，右鬓插一朵绒球，围护领，内着橙色大襟上衣，穿橘红色褶子、红色灯笼裤、白底红云字卷快靴，右手拿一把绿色的扇子。文扇头勒网子、贴片子、梳大头，戴凤冠，身着粉衣、粉裤、粉袍，脚穿绿鞋，右手拿一把粉色扇，左手持粉色手绢。渔翁头戴白发髻、勒水纱并扎黄色绸条，套蓝色黑蝴蝶图案草帽圈，额头正中插一枝彩色绒球面牌，挂白色满髯，身穿橘红色紧袖长袍、橙红色中式裤（小腿缠黑白相间的绑腿）和天蓝色洒鞋。樵夫头戴绿色硬罗帽、蓝色草帽圈，额正中插彩色面牌，右鬓角插一白绒球，身穿绿色金花大襟上衣，扎白色大带，脚穿天蓝色快靴，左肩扛一根一米二长的扁担。打锣者四人均贴片子，缠水纱，戴七颗泡子、七星额子，后系大发，其中二人穿橘红色金花大襟上衣、浅黄色金花彩裤，腰系白绸带，穿红色彩鞋；另二人穿绿上衣、红彩裤、蓝彩鞋。俊鼓头戴黑色白蝴蝶花软罗帽，额正中插一彩色绒球面牌，左鬓插一朵白色绒球，身穿绿色对襟上衣、红色彩裤，扎紫色大带，穿黑色快靴。丑鼓头戴鬃帽，左鬓插一朵黑色绒球，鼻卡二挑胡，鼻上画豆腐块脸谱，身穿黑色对襟上衣、红色彩裤，扎白色大带，穿黑快靴。除此以外，会头、旗手和挑夫也要化妆。会头头戴深蓝色毡帽，白色满髯，身穿古铜色大褂、红色彩裤，腰扎橘黄色绸腰带，脚穿黑色圆口布鞋。旗手则头戴黑色软罗帽，身穿蓝色大襟上衣、黄色彩裤，扎白色绸腰带，脚穿蓝色快靴。挑夫的装扮跟旗手一样。

地秧歌的表演形式是一人多演，或多人一演，演出内容包括五个程式，即"堆山子"、"走场"、"别篱笆"、"逗场"和唱组成。具体而言，秧歌会表演的第一部分是"堆山子"，这是集体造型的表演形式，演员都由"棒"引领做着动作，表演完以后会依次登上事先摆好的架子，如同小山一般，故名"堆山子"。摆好造型，十六个演员分八对，"棒"的动作也是八套，每带一对做一套动作，八套动作全部做完，"山子"也就堆成了。第二部分是"走场"表演，根据"棒"的动作不同分为八套。八套动作分上四套、下四套。上四套的头套"朝天蹬"（也叫"上扎草"），第二套"过脑"，第三套"双背剑"，第四套"下扎草"。下四套的头套"过脑"，第二套"单背剑"，第三套"下扎草"，第四套"三转身"。这八套动作全部表演完，叫作"打全场"。第三部分是队形变化的表演"别篱笆"，全场八套动作表演完以后，由"棒"带着，两队相互穿插，变换队形。有时单排，有时双排，有时挺直前进，有时蜿蜒曲折向前或是两队分开，独自一队自己穿插，如同别篱笆。经常走的有四种"篱笆"，即"哑巴篱笆"、"边儿篱笆"、"山子篱笆"、"万字篱笆"。第四部分是"逗场"，由演员下场进行单独节目表演。由"棒"带头，演员变成一队，接逆时针方向走成圆场（两队首尾相接），演员下场进行节目表演。有一个演员单独下场表演，亦可以由两个或几个演员同时下场表演，也有一个、两个或几个演员先下场，然后再往场里叫人（用舞蹈动作，也叫往场下"逗人"）。下场表演的节目有传统固定的，也有临时发挥的，每个节目的动作也有很多是演员根据自己基本动作的韵律临时发挥的。传统的、较固定的节目有"武扇"和两个打锣的"扑蝴蝶"，"渔翁"和"武扇"的"摸鱼"。下场表演最后一

堆山子

走场

别篱笆

逗场

个节目由两个"棒"表演"抢桥","渔翁"和"武扇"在两旁陪衬,这也是一个较为固定的节目。表演这套动作时,锣鼓点相当快,演员们的节奏亦是如此,从而把整个演出推向高潮。当两个"棒"的"抢桥"完毕,全部表演也就结束。

从"井"字外到"井"字里

随着芦家从东北迁徙到红寺,秧歌也被芦家带到了京城。由于表演时人数众多,单凭芦家人撑不起秧歌队,而当时街坊们也热衷参与,芦家人便将秧歌的技艺传给了街里街坊,秧歌会成了红寺合街的会。冬天的傍晚,合街的老少爷们在村里吉祥寺的门口过排。每年的正月初一,秧歌会在村里踩街。踩街时,档上表演的会员们边走边跳,锣鼓喧天,一旁观看的村民们挤满了村里狭窄的街道。秧歌会亦会参与村民家中的红白喜事。如果是红事,秧歌圣会在"本家"门口献档表演;如果是白事,除了在"本家"门口表演,秧歌圣会还会一同参加送三和送葬,直到整个丧礼仪式完结。秧歌圣会参与红白喜事是村民自发无偿的行为,并不要求"本家"支付任何报酬。

民国时期,红寺村的太平同乐秧歌圣会迎来了新的发展机会。在一次村里的踩街中,京城香会总头把子陈永利偶然看到了秧歌圣会的表演,就被秧歌会精彩的技艺吸引住了。虽然"井"字里的香会也有秧歌,但以地秧歌的形式进行表演,陈永利还是第一次见到。他找到老芦家,询问会头,这么好的会,为什么不贺会走出去?但土生土长的红寺村民并不明白贺会的意义。陈永利告诉他们,按照规矩,秧歌会要想走出红寺,必须举行贺会,在"井"字里会档子处登记,才能前往妙峰山朝顶进香。在陈永利的支持下,1925年,太平同乐秧歌圣会举行了贺会仪式,共有三十六档香会会头前来参加了太平同乐秧歌圣会的贺会,包括:

东猪市太狮,万里云程踏车,鞭子巷开路,礼部大执事,兵部杠箱,地安门开路,东华门开路,车子营秧歌,马连道

太平同乐秧歌圣会手旗的飘带上记载着当年参加贺会的香会名录

太平歌词,掌礼司太狮,琉璃厂开路,黑窑厂开路,北新桥开路,内西华门五虎棍,翰林院五虎棍,教子胡同少林棍,五斗斋秧歌,子弟同乐天平会,白纸坊神坛,西河沿少林棍,东珠市口五虎棍,草厂杠子,冰窖厂杠子,排子胡同亿寿双石,白纸坊太狮,脚堡神胆,涿州小执事,达子营小执事,四块玉小执事,老太府小执事,唐家坟秧歌,高碑店秧歌,方砖厂太狮,蒋养房太狮。

为了达到贺会的标准,太平同乐秧歌圣会不仅制备了门旗、拨旗、笼幌等器物,更是按照"井"字里的规矩形成了固定的组织结构。贺会后,在总头把子陈永利的亲自带领下,太平同乐秧歌圣会开始前往妙峰山朝顶进香。最初,秧歌圣会并没有自己的前引。按照行香走会的规矩,尽管其他前引可以帮着带领本会上山,但缺少前引却使得香会的活动受制。在秧歌圣会贺会后,秧歌圣会的三位会头芦德瑞、李长福和王长春便拜京城四大前引之一景荣为师,系统地学习行香走会的会规会礼。

秧歌会的传承系谱

芦德瑞是太平同乐秧歌圣会历史上的一个重要人物，正是由于他拜了景荣为师，才使秧歌会有了自己的前引，香会的活动范围开始扩大，影响力也随之增强。最初，芦德瑞的任务主要是在过排、春节踩街、红白喜事时调动人员，协调秧歌圣会的活动。贺会后，出师的芦德瑞开始带着香会前去妙峰山朝顶进香。

除了常规的香会活动以外，在民国时期，"太平同乐秧歌圣会曾多次被邀请参加在北海、先农坛、天坛、地坛等地为赈灾筹集资金而组织的'游艺大会'和城内的民间走会活动"。[1]近半个多世纪以来，红寺村秧歌会先后被邀请去过地坛、中山公园、北海、天坛、先农坛、太庙等北京地区组织的演出活动和孤儿院、北京振亚学校的赈灾演出。正是由于芦德瑞在"文革"期间主张将会里的道具埋入地下，才使得秧歌会在经历"文革"浩劫之后迅速恢复。1991年，香会恢复了中断已久的妙峰山朝顶，此后几年尽管明令禁止香会上妙峰山朝顶，香会仍坚持上山。20世纪90年代后，芦德瑞收了徐春兰和赵凤岭两位徒弟，极大地扩充了香会领导力量，使香会不再因为芦家人手不够而受到影响。

如今，秧歌会的主要负责人有芦林、赵凤岭和徐春兰，三人都被称为会头或把儿头（又写成"板儿头"），但若严格按照家传和传男不传女规定，只有芦林一人算得上真正的会头。39岁的芦林接其爷爷芦德瑞的班成为了会头，赵凤岭、徐春兰在会里更多的是充当前引的角色。

除了会头、前引外，会里还有三个"板儿头"，即司事板、钱

---

[1] 中国民族民间舞蹈集成编辑部.中国民族民间舞蹈集成（北京卷）[M].北京：中国ISBN中心，1992：698.

粮板、忠和（伙）板。司事板主要负责处理会里的日常大事，钱粮板主要管理本会财务和日常用品，忠和板则负责炊事。三个板儿头只是名义上有分工，实际操作中并无如此细分，会里的大事小事都是赵凤岭、徐春兰和芦林负责。秧歌会的师承系谱如下。

  第一代传人：陈永利（拜席老会成员，生卒年不详）
  第二代传人：景荣、景录（前门外八大前引）生卒年不详
  第三代传人：芦德瑞（满族，太平同乐秧歌圣会会头，生于1905年2月，1999年2月逝世）
  第四代传人：赵凤岭（当今太平同乐秧歌圣会会头，生于1946年10月）、徐春兰（女，生于1959年1月）
  第五代传人：芦林（赵凤岭之徒，也是太平同乐秧歌圣会会头，生于1972年9月）

子弟玩意儿

在红寺村，村民们参加秧歌会被称为"在板儿"。旧时，红寺村里家家户户都有人在秧歌会的"板儿上"，"在板儿"成为红寺村村民身份的重要象征。在这一背景下，秧歌会形成了子弟相传的传承特色。

  我们这个会叫"子弟玩意儿"，什么叫"子弟玩意儿"？就是我们一辈一辈传下来，没师傅没徒弟，我爷爷干这个，我儿子干这个，我孙子还干这个，这叫"子弟玩意儿"，不求钱，不求名。

秧歌会的会员多是红寺村人，祖祖辈辈都是秧歌会里的练儿。秧歌会的角色中，小二哥必须由儿童扮演，头陀由青年扮演，其他的角色并无固定要求。村民们参与秧歌会，多是从小二哥演起，随着年龄的增大开始扮演其他角色，实现着秧歌会的世代传承。正因为如此，村民们对秧歌圣会有着深厚的感情。直到现在，赵凤岭都特别怀念他年少时太平同乐秧歌圣会过排的盛景。

那个时候，冬天一到，大白菜一入窖，每天吃完晚饭，村里的人就聚集在村东的吉祥寺里。家伙一响动，村里的街坊就聚齐了，那就是一个大舞台啊！围的都是人，中间的就是我们这些会里的，老豆教着小豆，谁都可以上去，谁都可以批评，要是自己练的不好，没准哪个街坊上来一骂"背破鞋的"，第二天，这一名号就被传遍红寺，自个儿都会觉得丢脸。要是在这台上表演得棒，不一会儿全村人都知道了。

赵凤岭一直感到很奇怪，不知道自己那时怎么会有这么一股热乎劲，白天练得不好，晚上偷偷摸摸在家练习，为的就是能在第二天的过排赢回面子。上台表演更是如此。冬天的红寺村，冰天雪地，人们都不愿意早起，可一到踩街，街坊邻居个个削尖了脑袋想往会里钻。

早上七点集合，四点半就有会员到会头家里，早早地把妆给化上。后来的村民没有办法了，角儿早让人给占了，只能自叹倒霉：来年正月的踩街再早起吧。

正是村民们对于秧歌圣会强烈的感情，秧歌会才能安然度过"文革"。破"四旧"时,秧歌圣会成为"四旧"的清理对象。尽管村民们都知道秧歌会的家伙藏在芦德瑞的家中,但没有一个人去举报。七十多岁的张大爷说到:"那可是我们几辈人的玩意儿啊,一举报,可就全完了。"

因为是子弟玩意儿、祖辈传承,在城市化的今天,与京城其他香会比较,秧歌会也就少了传承问题的困扰。十六岁的芦杰就坚定地表示:会将地秧歌传给后辈,因为"这是一辈一辈往下传的,不能到我这儿给绝了吧,这可不行"。也正因为是子弟玩意儿,少了些收徒授艺的繁琐礼节,成员的流动也就相对自由。尽管如此,却并未造成香会活动的中断,退出的会员可能在他们的后代到了合适的年龄后将其送入会里。比如张勇的父亲在三十年前也曾表演过小二哥并早已退出了会里的表演,可他却"威逼"自己年仅十一岁的儿子张勇入会学习这套玩意儿。

"在板儿"的会员以年轻人居多,而曾经"在板儿"现已不"在板儿"的村民总是以各种方式支持着会里的活动,他们或是将自己年幼的子女送到会里,或是给会里捐钱捐物。冬季是香会活动最多、最为热闹的时候。每年这个时候,新近入会的孩子放了寒假,可以集中起来练功,而此时花会的活动也多,新入会的会员们观摩的机会也更多。

在成为"井"字里的会后,秧歌会形成了一个不成文的规矩:"不送臭肉",即只走红场,白事从不走场。这一规矩在近年来有所松动。对于会里"在板儿"的、在会里干了一辈子、为会里做出突出贡献的会员,在其去世的时候,会头会动员秧歌会前去走场。如果去世时候不"在板儿",即便是再近的街坊邻居,秧歌会也不会前去送别。而村里有红事,秧歌会则会自发前去献热闹,而且分文不取。秧歌会在村里的活动并不化妆,临走之前也不需要祭拜祖师爷。而对于外面的邀请，秧歌会则根据与当事人的亲疏区别对待。

> 现在，都求钱了，唯独咱们这儿不求钱。但没钱办不了事，我们走一趟会，必须有一定的费用，您给我们一点钱，我们走。真正的好朋友、关系户，一分钱不要，白送，花自己的钱，我们给你走会，这就叫子弟玩意儿。说没钱不痛快，那是瞎话；不给我们钱，我们不走了，这也是瞎话，得分是谁。我的朋友，他的朋友，你的朋友，求一档会，一分钱不要，而且车笼自备，车马茶水全都自己备，分文不取。

如今，会里大规模的常规活动仅局限于东岳庙表演和妙峰山庙会期间的朝顶了。在20世纪90年代，会里曾走过一次丫髻山。当时走会非常不顺，车到半路就碎了玻璃，芦德瑞还没有上山就觉得不太舒服，回家以后不吃不喝。最后还是时年86岁的芦德瑞亲自走上妙峰山给娘娘磕头上香，这才好转起来。据说这是犯了走两股香的大忌，从此以后，就再也没有走过丫髻山了。[1]

随着太平同乐秧歌申报国家级非物质文化遗产的成功，秧歌会与政府之间的沟通增多，乡里也会每年拨出一定的经费给秧歌圣会。本村合街的企业、商户也会给予一定的资助。会里的活动经费多是来源于此，并不要会员自掏腰包，用赵凤岭的话说是"图个热闹，爱怎么玩怎么玩"。

---

[1] 刘辉.花会组织与乡土秩序的建构——朝阳区太平同乐秧歌圣会研究[J].中国社会发展网，2010.

2. 众友同心中幡圣会

从耍幡到走会

作为香会泰斗隋少甫的大徒弟，众友同心中幡圣会的会首黄荣贵在京城香会界享有盛誉。与财大气粗的隋少甫不同，贫民出身的黄荣贵不仅家境并不富裕，最初从事的更是行香走会忌讳的天桥卖艺。年轻时为了糊口，黄荣贵曾跟随天桥艺人徐俊青学习摔跤，以在天桥撂地儿卖艺为生。学习摔跤之余，黄荣贵亦跟随梁克全学习行医拳，混饭讨生活。直到20世纪50年代初，随着新中国成立，黄荣贵招工进了工厂，才彻底离开天桥。

虽然有了正式的工作，黄荣贵却发觉自己越发离不开摔跤。每天下班以后，黄荣贵都要到离工厂不远的龙潭湖，在那儿练上一阵。一次偶然的机会，黄荣贵结识了同样热爱摔跤的工友阎德利。一来二往，两人熟悉起来，龙潭湖也成了他们练习摔跤的场所。由于民国时期有做过总头把子的经历，新中国成立后在北京杂技团工作的隋少甫被打成了右派。虽然丢了工作，对自行车技艺痴迷的隋少甫却一直放不下踏车。每天下午，隋少甫便会一个人骑车到龙潭湖公园，找个僻静地方偷偷摸摸地练习踏车。在龙潭湖，隋少甫结识了在此练习摔跤的黄荣贵与阎德利。见到两人勤奋刻苦，隋少甫便让两人跟他学习踏车技艺。得知眼前的这位老人是民国时期京城大名鼎鼎的会头隋少甫，两人一口应承下来。

在物资短缺的20世纪60年代，自行车还是个稀罕物件。对于黄荣贵和阎德利而言，置办一辆自行车并非易事。见此情形，隋少甫便建议两人玩中幡。相较于自行车，中幡无疑更好制作。在隋少甫的帮助下，黄荣贵与阎德利到大兴的竹竿厂买了两根竹竿，两人将竹竿烤干，用塑料布包裹后，放置在阴凉处。第二年开春，竹竿彻底风干后，阎德利从家里拿了一面破布，挂在了竹竿上，一个简易的中幡就做成了。

由于能吃苦、肯下工夫，隋少甫对黄荣贵很是器重。"文革"时，隋少甫就口头提出要收黄荣贵为徒。1990年，隋少甫举行了规模浩大的收徒仪式，正式将黄荣贵收入门下。

1984年，隋少甫为黄荣贵的中幡会举行了贺会仪式，邀请了包括北城的李长福、南城的郭荣祥、芦德瑞等众多有名望的老会头。贺会仪式上，隋少甫将会万取为"众友同心中幡圣会"，隋少甫亲自带会，成为中幡圣会的前引。中幡圣会的组织机构如下。

香首：黄荣贵；前引：李长福与隋少甫；钱粮把：陈润华和胡宝华；武场头：郭世英和张瑞年。

街坊参与到师徒承担

诚起中幡会后，黄荣贵与阎德利便公开在家里耍幡。当时的左安门里还是一片四合院，在娱乐方式匮乏的20世纪80年代初，中幡圣会的过排便成为左安门里最为热闹的景观。在街坊聚集的情形下，中幡会的练儿被大伙狂热的回应所鼓舞。连一旁观看的观众也纷纷加入表演的队伍，田世平就是其中一个。田世平家住左安门里，是黄荣贵儿子黄勇的同学。每次看到中幡会威风的表演时，田世平都羡慕不已。一次中幡会的过排，在大伙的叫好声中，他便主动上台表演，加入了中幡圣会的队伍。

耍幡成为20世纪80年代初左安门里的一股潮流，这股潮流通过社区居民之间的交往相互传播，将居住在左安门附近不同背景、不同出身的年轻人凝聚在一起，激发了他们对声望的追求，并将这一追求转化为对中幡圣会的参与。当时，田世平在左安门里经营着一家报刊亭，田世平加入中幡圣会的消息很快从这里传播开来。在田世平的引荐下，陈润华也跟随着田世平加入了中幡会的队伍。"文革"后跟随父亲从平谷回迁到城里的郭文亮，喜欢到田世平的报刊亭里卖报聊天，一来二往便与田世平熟悉起来。由于刚从农村回迁到城市，十六岁的他并不适应城市的生活，接替父亲在环卫所的工作也并不顺心。见到郭文亮闷闷不乐，田世平便邀请郭文亮前去中幡会里训练，郭文亮欣然答应了。

在中幡圣会这个暂时形成的场域中，会员们相互竞争，对声望的追求使会员们投入到忘我的训练中。当时的中幡会中，郭文亮年龄最小、体格最为瘦弱，而中幡表演讲究的是力量与技巧的结合，重达20千克的中幡砸在壮汉的身上，显现出的是阳刚、力量之美，但瘦弱的郭文亮耍中幡时，不仅不能表现出这种美感，反而还会引起观众担心。所以每次中幡会过排走局，郭文亮只能在一旁练练石锁、热热场子，很少能有机会上台表演。面对黄师傅的安排，郭文亮心里并不服气，便自制了中幡，在家里偷偷练习。郭文亮深知，要想在台上表演，不仅要牢固地掌握诸如"怀中抱月"、"苏秦背剑"等中幡会的基本技艺，更应该在中幡表演技巧上有所突破。传统的中幡表演，练儿多将中幡向空中甩去，再用手接住往下砸落的重达二十千克的中幡。郭文亮却想着用牙齿和脑袋接住重达二十千克的中幡。经过在家里反复苦练，郭文亮硬生生地练出了脑接和牙接。

> 那个时候牙接和脑接都是砸出来的。那个时候中幡可都是实打实的竹子，底下都没有塑料，硬邦邦地砸下来，那个竹子有碗口那么大，砸出来的口子就有碗口那么大，都没有什么缓冲之类的。我刚开始练牙接的时候，牙齿掉了是家常便饭，不光牙齿没了，嘴巴也砸得稀巴烂，有时候接得不稳，砸到眼睛，那疼的，跟个熊猫似的。

每次过排表演后，其他会员们享受到的胜利喜悦激发了郭文亮对于成功的追求，更加激发郭文亮忘我地投入到中幡的训练中来。一年多以后，在半步桥的一次表演中，因为郭世英临时缺席，郭文亮主动跟黄荣贵请缨。得到黄荣贵的允许后，郭文亮顺利地完成了脑接和牙接的表演，受到了观众的一致赞誉。在20世纪90年代，不仅是郭文亮，会员们个个都绞尽脑汁苦练技艺。正是在会员们的努力下，黄荣贵的中幡会技艺越来越高，在京城的香会界越来越有名气。

如今，众友同心中幡圣会的中幡早已不是当年的竹竿和破布，而是由大竿、小竿、旗杆、伞盖、旗、衣子、铃铛做成的，高约十米，重达二十多千克。虽然中幡又高又重，但练儿们不仅能玩"怀中抱月"、踢毽、背花等中幡表演的一般动作，更能做出将中幡在左右手中轮流舞动及180度转向等高难度技巧。"浪子踢球"是众友同心中幡圣会的绝活。表演"浪子踢球"时，练儿们抱着二十多千克重的中幡，将手中的中幡往下一放，用脚往上一踢，中幡过脑后，稳稳地用头接住。除了"浪子踢球"外，中幡圣会更能表演鼻顶中幡(中幡抛起直接砸在鼻梁上)、牙接中幡(中幡抛起直接用牙接)、牙齿顶中幡下叉，以及翻跟头接中幡等多个程式。突出的技艺表演使众友同心中幡圣会在京城香会界中享有盛誉，成为京城中幡会中最有影响力的香会。

浪子踢球

牙接中幡

从20世纪90年代开始，每年春节，众友同心中幡圣会成为众多庙会竞相争夺的对象。由于春节期间，各个庙会日期重合，黄荣贵只好将会员们分成几拨，同时前往龙潭湖、地坛等多个公园庙会献档表演。在龙潭湖庙会的花会擂台赛中，众友同心中幡圣会更是连续多年获得冠军。

尽管左安门里的四合院早在20世纪90年代末就逐渐被拆除，练儿们也逐渐搬离了左安门里，但他们却始终坚持在会里耍幡。2007年5月11日，黄荣贵举行了规模宏大的收徒仪式，将中幡圣会的王永刚、王勇、郭文亮、陈润华、冯文武和李学军等六人收入门下。这次收徒仪式不仅邀请了京城内外三十档香会的会首，崇文区文化馆、北京民间文艺家协会、北京地方志文化办公室、北京民俗博物馆等诸多单位的领导也受邀参加，《京华时报》、《人民日报》等多家媒体对收徒仪式举行了报道。

走会就得按照老规矩走

虽然是土生土长的北京人，但生在旧社会、长在红旗下的黄荣贵却对妙峰山上的老娘娘一无所知。还是从隋少甫的口中，他才知道原来妙峰山上有着这样一位灵验的娘娘。

> 我们那个时候根本就不知道有碧霞元君，什么老娘娘。都打倒一切牛鬼蛇神了，家里什么都没有，也没供，父母也从来没有说起过。倒是师傅跟我们说起来，我才知道那个时候还有这样一个神。

隋少甫告诉黄荣贵，西郊的妙峰山上供奉着一位庇佑四方的碧霞元君老娘娘。过去每年四月初一到十五，妙峰山上都会举行规模宏大的庙会，京城内外的各个香会都会前往妙峰山朝顶进香。前去上香的香客挤满了妙峰山香道，他们披枷带锁、滚砖挂炉，祈求得到娘娘的庇佑。更有虔诚的香客，为了给父母治病，从山上的舍身崖往下跳。当时的政治环境并不允许讲这些封建迷信的故事，黄荣贵本人也并不相信师傅讲的这些。但出于对师傅的尊敬，黄荣贵还是听完了隋少甫的絮叨。

对娘娘虔诚的信仰、多年行香走会的经验，加之"井"字里总头把子的身份，使隋少甫格外强调行香走会的规矩礼节。而黄荣贵天桥卖艺的出身犯了"井"字里走会的大忌。在给黄荣贵传授中幡技艺的同时，隋少甫重点强调了行香走会"耗财买脸"与天桥"撂地卖艺"的区别，并一再强调行香走会讲究"车笼自备，茶水不扰"，试图让黄荣贵与天桥"撂地卖艺"划清界限。直到如今，黄荣贵还记得当年师傅说得最多的话：

> 行香走会是自愿在老娘娘催香火，这与天桥摔跤完全不是一回事，一个是大爷高乐，一个是下九流的玩意儿。

尽管并不是特别理解师傅讲的两者的区别，但在讲究师道尊严的大背景下，在师傅的严厉教导下，黄荣贵认真地学习行香走会的会规会礼，并遵照师傅的建议，与"撂地卖艺"划清界限。在隋少甫的教导下，黄荣贵对行香走会的规矩礼节烂熟于心，并以亲身行动，带领着中幡圣会践行着"井"字里香会的规矩礼节。

老话说，"行香走会是败家的玩意"。会首要负担走会所有的开支，师傅隋少甫年轻时就曾为了走会将祖辈的积蓄玩得倾家荡产。如今，黄荣贵也面临着同样的处境。虽然在北京花会界小有名气，黄荣贵却始终秉持着"车笼自备，茶水不扰"的原则。在他看来，每次走局都是献档表演，而不是卖艺求财，那些打着花会名义赚钱的香会为他所不齿。尽管存在不少亏空，他却愿意以自己的工资填补。对于没有车旅费的妙峰山朝顶进香，更是由黄荣贵一人全部负担开销。在师傅隋少甫去世后，黄荣贵成为京城香会界新的总头把子，对规矩礼节的讲究更成为中幡会突出的特征。

朝顶进香讲究"幡鼓齐动十三档"的顺序。如今，每次前往妙峰山朝顶进香，黄荣贵都先联系好师兄弟，按照开路会第一、五虎会第二、中幡会第三的顺序，一起前往妙峰山朝顶进香。交通工具的便捷使得如今朝顶进香的时间可以压缩在一天内进行。为了表达对老娘娘的虔诚，中幡会常常在头天晚上便开始前往妙峰山。2012年的妙峰山庙会，黄荣贵出资租了一辆中巴车，四月初一晚上10点便从家里出发，不到半夜便到了妙峰山。沿途路过妙峰山牌楼时，练儿们下去贴报条。到了妙峰山正门时，众人亦在此刷报头。到了管委会后，黄荣贵到管委会办公室沙发上休息，还有一些练儿则在车上睡觉。第二天早上6点不到，中幡会的练儿们便起来给守驾的茶会、馒头会打知。由于黄荣贵年事已高，不再献档表演，整个中幡会在黄荣贵的干儿子李连桥的带领下前往妙峰山正殿献档。在正殿灵感宫前，待练儿们整理好队伍后，李连桥手捧高香，开始叫香到：

> 见见神坛守驾的，见见京城内外四九城，海淀四股香道行香走会坐棚守驾文武各会把头老督管，众友同心中幡圣会上香有鉴。

殿前献档

李连桥叫香后，众人便开始耍幡。一开始便是"怀中抱月"，只见练儿们将中幡抱在怀中，朝前移动，随后便将中幡往后一扔，后面的王永刚接住中幡后便开始表演鼻接。只见王永刚将中幡朝天空一扔，随后便用鼻子稳稳接住。接着他将中幡往上一抬，20多千克的中幡直接砸在他的鼻子上。之后，王永刚将中幡给了李连桥，李连桥将中幡放在脚上，往上一踢，中幡直接砸在了脑袋上。李连桥又接连表演了"过桥"等程式。诸位练儿表演完毕后，中幡会便往下撤，到了正殿前面的广场处"参塔"。在李连桥"三参"声中，众人朝着碑塔三拜，此后即在广场处献档。在李连桥的带领下，中幡会前往妙峰山粥茶铺，给守驾的各个文会参驾、献档。献档表演完毕后，众人前去回香亭上香。整个仪式完结后，黄荣贵和徒弟们一起下山，到樱桃沟农家乐聚餐。整个朝顶进香包括聚餐的开支，均是黄荣贵一人支付。

底层出身的黄荣贵依然遵守着行香走会的规矩礼节，这使得中幡圣会不仅在技艺层面高出一筹，对于规矩礼节的坚守更使他们成为当下正统香会的标杆。

3. 亲友同乐清茶圣会

三个人的茶会

亲友同乐清茶圣会的会首是回民景旺。在朝阳门外回民区长大的景旺出身在20世纪70年代，他八岁那年，在经历了半个世纪的中断后，朝阳门外的白家坟公益助善高跷秧歌会恢复了活动。恢复后的秧歌会每天晚上都在景旺家对面的四合院内过排走场。公益助善高跷秧歌会的过排，不仅有着文场的伴奏，前档的玩角也在此拼活献艺。高跷会过排的热闹场景把年幼的景旺深深地吸引住了，直到现在，景旺还能回忆起那时公益助善高跷秧歌会过排的情形。

邓会春，那个嗓子特别好，会唱，在北京城里都是响当当的。还有一个扮膏药的，跷功特别厉害，1米高的跷硬是能来回翻腾好几次。那个武扇叫王茂林，也特别棒，在那四合院的院子里硬是能来回翻好多个跟斗。我那个时候，一吃完饭就往外跑，就是看秧歌会过排。

公益助善高跷秧歌会的过排一直持续到 20 世纪 80 年代末。为了迎接 1990 年北京亚运会，朝阳门外的四合院开始了大规模拆迁，秧歌会不复存在。景旺一家也搬到了三环外三元桥下的小区。由于升学、就业等诸多原因，除了每年春节去各大公园看香会表演外，景旺一直无暇再关注香会。直到 1996 年，已经工作了的景旺有一次上鸟市买鸟，碰巧在那儿遇见多年未曾谋面的白家坟秧歌会的渔翁付连增。付连增告诉他，要看香会得上门头沟妙峰山。每年的四月初一到十五，妙峰山上的庙会规模非常宏大，不仅京城内外，远至天津、河北等地的香会也会前来朝顶献艺。景旺听了后，便在当年头一次上了妙峰山。

在妙峰山上，通过其他香客的介绍，他了解到京东平谷的丫髻山也在举办庙会，于是又前往丫髻山看会。从那以后，每年的农历四月，他都会奔波在妙峰山、丫髻山的庙会上。出于对香会的兴趣，工作之余，他经常前往首都图书馆翻阅各种资料，熟读了《妙峰山志》、《妙峰山琐记》、《京都香会话春秋》等关于北京香会的各种史籍。尽管生活并不富裕，但景旺在花会的花销上并不含糊。正是在这四处看会的过程中，他认识了卢仲铎和刘鑫。

卢仲铎是丰台区马官营村人。马官营是京城西郊较大的村落。农民出身的卢仲铎自幼承袭父业，在家种地务农。1977 年，卢仲铎招工进了首钢耐火材料厂，负责做砖、混料等工作。下班后，卢仲铎或是到城里拉潲水养猪，或是牵着毛驴去附近单位的公厕掏粪种菜。一来二往，卢仲铎便与房管所的工作人员熟识起来。房管所的干部童庆元是五福同春藤牌少林会的会头，他经常跟卢仲铎聊起走会的事情。卢仲铎所在的丰台区是旧时北京的香会聚集地。民国时，"井"字外的丰台地区几乎村村都有会。虽然年幼时并未跟随香会前往妙峰山朝顶进香，但香会的献档表演和春节踩街却是卢仲铎幼时的美好记忆。卢仲铎的母亲在世时，家里就供着妙峰山的老娘娘，母亲也时常跟他提及妙峰山上娘娘灵验的故事。自幼对香会的耳濡目染，使得卢仲铎对五福同春藤牌少林会产生了兴趣。闲暇时，他便跟着童庆元参加少林会的过排。

五福同春藤牌少林会里有一会员叫张义福，是个地地道道的"会虫子"。除了跟随五福同春藤牌少林会过排外，张义福还拜了王景旭为师。王景旭是京城旭善升平清茶圣会的会头，由于年事已高、身体不适，王景旭便将茶会传给了张义福。接过师傅的茶会后，张义福将茶会的名改为"义福善缘清茶圣会"。2001年开始，张义福在妙峰山庙会上设驾舍茶。由于人数不够，张义福便请卢仲铎帮忙守驾。从那时开始，每年的妙峰山庙会，卢仲铎都跟随张义福前往妙峰山守驾舍茶。2004年，由于资金短缺，张义福中断了守驾，卢仲铎仍然坚持上山朝顶。2005年，妙峰山决定恢复白德山捐赠给妙峰山的清茶圣会，见卢仲铎闲暇无事，在此守驾的老孙便挽留他。从那以后，每年的妙峰山庙会上，卢仲铎从三月三十开始，一直守驾到四月十五庙会结束。

在妙峰山上，景旺认识了卢仲铎。当时，卢仲铎还在义福善缘清茶圣会里看香炉。景旺发觉，虽然卢仲铎上山的时间不长，对香会的规矩却十分了解。卢仲铎觉得，别看景旺年龄不大，会规会礼却是懂得很多。一来二往，两人便熟悉了起来。在结识卢仲铎的同时，景旺也认识了同是香客的刘鑫。

刘鑫是海淀区小南庄人。旧时的小南庄有一文场，作为村里助善的组织，小南庄的文场一直参与村里的走局、送三，在京西地区颇有声望。刘鑫自幼在文场里出局，对文场颇为热爱。20世纪90年代初妙峰山庙会恢复后，北京城关内外的香会恢复了中断半个多世纪的朝顶进香，刘鑫便跟着小南庄的文场一起上山朝顶。从那以后，刘鑫便利用周末，走访京城内外的各个香会。每年的妙峰山庙会，他都坚持在山上守驾半月。由于长期在外走动，刘鑫结识了不少香会。妙峰山召开联谊会时，他亦帮着管委会联系海淀地区的香会，丰台看丹药王庙会亦是由他负责联络。由于缺少资金、人员不够等诸多问题，小南庄的文场停止了活动，刘鑫却仍然活跃在香会界。

对香会的共同兴趣使景旺、卢仲铎和刘鑫三人结成了忘年交。每年的妙峰山庙会，三人相约前去进香。平时里亦相互走动，切磋会规会礼，探讨香会圈里的新鲜事。长期看会的经历使三人迫切地想成立一档属于自己的会。但要诚起一堂武会，单不说服装、道具开销巨大，能否凑齐前后档所需的人员都是一个大问题。三人协商后，决定成立一档茶会。由于茶会开支少，需要的人员并不多，三人即可成会。相较于京城内外动辄数百档的武会，能够坚持坐棚守驾的文会已是屈指可数，因此诚起文会的意义更加重大。

尽管早就有了初步预想，正式立会却是2008年的事。当年四月，三人一同相约前去丫髻山逛庙会。回香途中，三人聊起立会的事情。恰逢当时景旺所在的北京市住房集团总公司搬迁，换下来一大批家具。景旺提议利用这批家具诚起茶会，三人一拍即合。没有贺会，没有正式的会万，在当年的药王庙会上，卢仲铎和景旺摆了两个保温桶，一桶舍粥、一桶舍茶，清茶圣会就这样诚起了。

2009年，会头任庆生的父亲去世，邀请茶会前去守驾。当年，会头郑伟的爷爷迁坟，亦邀请茶会前去设驾舍茶。两次走局后，茶会有了500元的积蓄，卢仲铎便用其中400元购置了茶碗、茶具和茶壶，清茶圣会有了雏形。许久尚未联系的张义福给卢仲铎来了电话，告诉他，打算将师傅王景旭传给他的笼幌处理掉。如前所述，笼幌又称钱粮，是香会历史的标志，历史悠久的笼幌更能为香会增色不少。得到王景旭的笼幌后，清茶圣会依次制作了手旗、门旗。在这一系列陈设准备妥当后，茶会正式打出了"北京市丰台区马官营亲朋同乐清茶圣会"的会万，并将茶会的诚起日期定为2010年5月28日（农历四月十五）。由于驾设在卢仲铎家，且行头放在卢仲铎的邻居老赵家，会万所在地设在丰台马官营显得理所当然。诚起的日子设在2010年的四月十五，主要是因为那年的妙峰山庙会上，清茶圣会正式使出了自己的万儿。出于对妙峰山碧霞元君老娘娘的尊重，清茶圣会将诚起的日期设在了妙峰山庙会的最后一天。

清茶圣会的朝顶进香

随着交通工具的便捷，香客们早已不需要步行前往妙峰山朝顶进香，沿途设驾、服务香客的文会也不复存在。庙会期间，仅有几档文会在妙峰山正殿前的广场处设驾，服务朝顶进香的香会和香客们。与旧时朝顶进香的日程不同，守驾的文会早在四月初一之前就已经上山设驾。到达山上后，他们前往正殿朝顶进香，随后即在正殿前的广场处搭棚设驾，为香会和香客们服务。直到四月十五庙会结束后，守驾各会才撤驾回家。对于朝顶进香的香客而言，他们朝山的过程并不需要太多文会的帮助，文会的设驾舍茶失去了旧时香会交往的互助意义。但由于茶会等文会设驾在妙峰山，不少香客认为，妙峰山上的茶会等文会具有着神圣的性质。每逢妙峰山庙会，茶会门前还是挤满了喝茶的信众。

2012年妙峰山庙会，三月二十九那天，茶会就上山守驾舍茶了。当天早上八点，景旺、刘鑫齐聚在卢仲铎家中。众人将茶会的陈设收拾完毕后，便将箱子搬到茶会租的车上。三人不仅自愿在山上舍茶，亦给山上捐了四大袋大米。大米袋上包有红纸，上面写着"朝金顶妙峰山：结缘大米。亲友同乐清茶圣会捐赠"。所有行李收拾完毕后，卢仲铎在电梯间门口的宣传栏上贴了报头，上面写着：

前往莲花金顶妙峰山，朝顶进香，亲友同乐清茶圣会。
壬辰年三月二十九日。

报头的下端画着一朵莲花。众人将家伙收拾完毕后，便出发前往妙峰山朝顶进香。过了担礼村，在妙峰山牌楼处，景旺、卢仲铎下车，在牌楼下的柱子处贴报子。刚过涧沟村，景旺又一次下山贴报条。到了广场处，众人先去正殿给娘娘进香。进香完毕后，众人才回到广场的房屋处搭棚设驾。之前，茶会一行是帮助妙峰山管委会给亲朋同乐清茶圣会设驾，如今不仅要照看亲朋同乐清茶圣会的茶棚，亲友同乐清茶圣会自己也要在此设驾。由于管委会没有足够的房间，亲朋同乐清茶圣会在里屋搭棚，亲友同乐清茶圣会则在门口处设驾。

亲友同乐清茶圣会驾设在亲朋同乐清茶圣会房屋的外面。紧贴着茶棚处挂着亲友同乐清茶圣会的督旗，督旗上方则是清茶圣会的门旗，上面写着"亲友同乐清茶圣会"。督旗设有一桌，供着观音菩萨的画像。观音像两旁供着两束鲜花和两支蜡烛，前面摆放着两盏宫灯，供奉着五份馒头山。桌子前方摆着一个矮桌子，中间放有一个茶壶，两旁各摆有一个茶盘。茶盘上置有一个茶壶和五个盖碗茶杯。清茶圣会的笼幌摆放在茶桌外侧，两幅笼幌均是矮笼幌，外刷黄漆，插有小旗，上书清茶圣会的会丐。笼幌外侧是两个方桌，上面置放着两个大铜壶，并不舍茶。清茶圣会在驾的左侧搭了一个小台，紧贴着管委会的大门上，悬挂着一面旗帜。因为会首景旺是回民，清茶圣会的这面旗帜便是蓝底绿边，上面写着"马官营茶会"。紧邻着茶会的驾，放置有一张书桌，桌子上面置放有两个保温桶，一个桶舍茶，一个桶舍酸梅汤，中间放有一盆，作清洗茶碗之用。

由于场地所限，此次上山，清茶圣会并没有设全驾。在平日的走局中，清茶圣会设驾的规模更为宏大。2012年4月14日，清茶圣会会首应邀前去岳各庄走红局，并在本家门口处搭棚设驾。茶会的全驾规模宏大，里侧悬挂着清茶圣会的督旗，上面书有"马官营亲友同乐清茶圣会"，督旗两侧斜挂着清茶圣会的两幅手旗。茶会的正中央供奉的是持着净瓶的观音像，观音像两侧供奉着一盆鲜花和两个插有鲜花的花瓶和冬瓜罐。外侧供奉着春夏秋冬、梅兰竹菊四个屏风。观音像的前面供着两个茶壶、两盏灯笼。灯笼前方供有五份苹果。果盘前面是五个茶盘，每个茶盘上有一个茶壶、五个茶杯，前面是一百零八个茶碗。整个桌围子两侧各有八个茶壶，两侧分别供有供花、宫灯。桌子外侧放了四个茶盘，大的茶盘上置有六个茶杯，小的置有四个茶杯，茶盘中间放有一磬。茶会设驾的桌围子处贴有"茶缘"两个字样，两幅笼幌分别放置在两旁。

2012年妙峰山庙会亲友同乐清茶圣会上山守驾

清茶圣会走红局时的陈设

茶会守驾时，如果有武会

前来参驾，茶会会员拿着手旗，紧抢一步，就地一参，此后则是换帖合缘。武会前来献档时，茶会会员更要清理好场子，招呼好献档的武会。对于单个香客，会员们主动舍茶。若有香客叩拜，茶会负责人敲磬，以示敬意。守驾完毕后，在四月十五日庙会结束时，茶会会员收拾东西，将所有的东西打包完毕，下山回到卢仲铎家。至此，整个进香过程才宣告结束。

4. 聚义同善天缘狮会

棺材铺基础上诚起的狮子会

聚义同善天缘狮会驾设在北京市丰台区南苑乡双庙村，是聚义同善文武圣会的子会。聚义同善文武圣会下还分设有小车会、神耳会等多个子会。按照"井"字里的规矩，文会是坐棚守驾伺候娘娘、服务香客的会，武会是朝顶进香、献档表演的会。两者泾渭分明，并没有文武圣会合为一体一说。作为"井"字外的香会，聚义同善文武圣会是京都双庙村的会，并不认可"井"字里的规矩。

尽管聚义同善天缘狮会的会头是郑伟，但在天缘狮会之上，文武圣会的总会头却是韩万才。韩万才是丰台白庙人，祖上以经营棺材铺为生。按照北京丧俗，老人过世后，本家要在家里搭棚守驾，邀请吹鼓手前来家中热闹并参与"送三"。旧时，南城的棺材铺生意竞争激烈，为了扩大销路，韩家自己成立了文场，一旦有事主前来购买棺材，棺材铺便白送文场一堂，免费为本家"送三"。新中国成立后，随着丧葬风俗的改革，韩家不再开设棺材铺，文场的技艺和行头却保留了下来。20世纪70年代，韩万才的大爷在韩家棺材铺文场的基础上成立了新民同乐文场一堂。此时，韩万才已入赘到了双庙村。出于对文场的热爱，他经常前去东铁营村参加新民同乐文场的过排。入赘的身份使韩万才经常遭到新民同乐文场会员的排挤。2000年，韩万才一咬牙，便在自己居住的双庙村诚起了一个文场。

虽然韩万才诚起香会并没有大张旗鼓，但村里的老少爷们对新成立的文场格外热情，纷纷加入到文场过排的队伍中。每天晚上，都会有数十人在村里的大院内过排起响。郑伟、董淑贵、张书清、郑金利，这些村里的中青年人逐渐成为文场的骨干，尤以郑伟最为突出。郑伟是双庙村的电工，工作的性质使得他与全村住户都有来往，加之性格直爽、为人刚正，在村里小有口碑。年轻的郑伟很快就成为韩万才的得力干将，他不仅每天参加过排，还协助韩万才置办道具，统筹人员。

随着文场规模的不断扩大，2001年，韩万才与会员们商量，置办了扇子鼓、秧歌等道具，双庙文场发展成为具有完整前后档的香会。韩万才明白，虽然自己家里玩文场的历史悠久，但终归只是出白局的文场，并不懂得行香走会的规矩礼节。他找到孙家场普善同乐五虎棍会的会头刘立才，委托他对香会进行指导。在刘立才的帮助下，韩万才于2002年正式诚起了聚义同善文武圣会，逐渐熟悉了行香走会的规矩礼节，并在刘立才的带领下前往妙峰山朝顶进香。

聚义同善文武圣会在双庙村不断发展壮大，受到了双庙及周边村落村民的热烈欢迎。每逢红白喜事，村民们都会邀请文武圣会前去表演。在这一过程中，郑伟成为了韩万才的得力助手。2005年，郑伟与韩万才、刘立才等人前往保定剧装市场，购置了服装道具，在聚义同善文武圣会之下成立了聚义同善太狮圣会。

聚义同善天缘狮会走红局

由于韩万才、郑伟在双庙村里颇有口碑,加之狮子会精湛的表演技艺,太狮圣会受到了附近村民的热烈欢迎。不仅双庙、朝阳,甚至大兴、海淀都有人慕名而来,邀请聚义同善太狮圣会前去走局。如果是红局,狮子会前后档全出;白局如是喜丧,则前后档都出外,其余只出文场。

在四处走局中,郑伟与周围村子的"大了"建立了联系。在京郊,每个村子都有专门办理红白喜事的"大了",大到仪式的规矩礼节,小到宴请的菜肴点心,都是村里"大了"一手操办。一旦村里有红白喜事，"大了"都会在第一时间通知郑伟，邀请郑伟前去走局。

随着聚义同善天缘狮会的发展壮大，郑伟购置了彩棚、气球、LED等设备，在天缘狮会的基础上成立"红白喜事一条龙"服务，并与北京各处的演艺公司建立了联系。天缘狮会不仅能够提供狮子会等传统香会的表演内容，更能提供二人转、相声等多种表演内容。"红白喜事一条龙"成立后，郑伟的天缘狮会更加忙碌了，仅在2012年正月，天缘狮会就走了6个白局、5个红局。

狮子会的表演程式

诚起之初，天缘狮会与聚义同善文武圣会共用一群表演人员。此后，随着村子的拆迁，天缘狮会的会员不断减少。加之会员年龄普遍偏大，无法胜任狮子会的表演，在刘立才的介绍下，郑伟联系了孙家场武校的一对夫妇，邀请他们前来表演。此后，由于武校倒闭，通过武校练儿宋鑫的关系，郑伟联系上了一群"北漂"艺人，由他们充当前档。按照规矩，每出一次局，郑伟给前档的联系人和其他练儿一定的报酬。尽管有"北漂"的参与，天缘狮会文场的主力仍然是双庙村的村民。他们平日晚上跟随郑伟过排，走局时充当文场的角色。

由于经常跟随剧组表演，"北漂"艺人们狮子表演的内容多是根据港台电影改编的南狮。与旧时"井"字里香会表演的北狮相比，南狮不仅行头上存在着较大差异，表演程式上也完全不同。旧时香会的北狮狮子头多是木头制作、纸糊而成，且分为蓝黄两种，分别代表公母。南狮的狮子头则是用轻质绸缎做成，质量上明显轻于北狮。引狮道具上，北狮多用掸子引狮，南狮多用绣球引狮。在表演程式上，北狮的狮子表演多按照固定程式进行，有诸如狮子戏水、托塔等固定的程式动作,讲究狮子的猛、狠,而以惊险刺激为基本诉求的南狮并没有固定程式。天缘狮会的表演,继承了传统北狮的经典动作,同时融入南狮的表演,尤其注重与观众的互动,颇受观众的喜爱。

> 耍狮子讲究狠、猛,你看我们这狮子的表演,跟电视上没两样:你玩南狮,我们就给你耍南狮;玩北狮,我就给你耍北狮。不管玩什么狮子,你基本动作一定要到位,尤其是要注意与观众的互动。这是狮子会表演的绝活。

具体而言,天缘狮会表演时,除了一人高举绣球引狮外,一头狮子均由两人扮演。其中一人在前直立举狮头,一人身披羊毛做的狮被伏后当狮尾。在引狮的带领下,狮子一上场,狮头的练儿便要举起狮头向左右、上下偏转,狮尾的练儿配合着狮子头的动作左右摇晃,称为"亮相"。狮子亮相后,即开始表演一系列动作。其中,狮子头高举的动作最为普遍。表演高举时,狮头的练儿跺脚后朝上跃起,跳

北狮

以南狮表演为主的聚义同善天缘狮会

跃过程中往后仰倾。狮头队员向上跃起时，狮尾的练儿借力上举，托起前面的练儿。狮头练儿下落后，狮尾的练儿向后退步，狮子稳稳落地。在引狮的逗引下，狮子要做出各种动作，最为常见的便是翻滚。在引狮的指挥下，狮子的练儿们同时朝一侧翻滚，摇头摆尾。

狮子高举

由于天缘狮会前档的练儿们都有武术功底，他们最为拿手的就是狮子表演中难度最高的金狮独立。表演金狮独立时，狮头的练儿跺脚后上跃，狮尾的练儿借力上提，狮头队员用力一蹬，便踩在狮尾练儿的大腿上。此时，为了支撑狮头的练儿，狮尾的练儿必须呈马步。狮头练儿站稳后，狮尾练儿以脚跟为中心，带着狮头练儿旋转180度。在旋转过程中，狮头队员还能使狮子做出张嘴喘息的动作。狮子头练儿落地后，两人绕场跑圈。绕场跑圈也是天缘狮会前档表演的重要内容。跑圈时，狮子的步伐亦有所变化，有着跑步、碎步等多种不同节奏的跑法。狮子表演时，引狮人员也要配合狮子的表演，做出诸如圆场步、绕圈跑、后手翻等多个动作。狮子绕圈表演时，亦须做出模仿狮子的啃、挠、舔等基本动作。

技艺精湛的狮子会不仅能够表演金狮独立这样高难度的动作，在狮子的神态上也要做得惟妙惟肖。天缘狮会的练儿们最为拿手的便是狮子的"楞像"。表演楞像时，狮头前端的练儿双手扶住狮子头，练儿面向狮身朝左倾斜，向上小跃。狮尾练儿配合其不动。狮子的"怕像"亦是天缘狮会的擅长。在引狮的带领下，狮子做出跃跃欲试的尝试，此时，狮头的练儿双手扶住狮头，手腕收至嘴下，向下轻压后慢慢将狮头抬起。

精湛的表演技艺，加之会头郑伟良好的人缘关系，使得聚义同善天缘狮会在京城享有盛誉，赢得了包括妙峰山管委会在内诸多把头的一致赞誉。

狮子怕像

狮子楞像

5. 年丰庄善缘老会

十一档小会的善缘老会

提起北年丰村,怀柔人都会想起早年那规模浩大的善缘老会。年丰庄的善缘老会原名年丰灯花会,清代的时候就在周围百里颇有名望,后来改名为善缘老会。村里的长者回忆,善缘老会原来是由北年丰的七档会组成,即包括门旗大筛、开路、狮子、少林、高跷、十不全和吵子,后来又加上南年丰的小车会、地秧歌、一枝梅和西树行的五虎棍,成为拥有十一档会的大会。后来,由于诸多原因,南年丰的小车会、地秧歌和一枝梅不再走会,参与走会的仅有北年丰的七档花会和西树行的五虎棍会。各档花会的表演程式如下。

门旗大筛:门旗共有四杆,分为红蓝两色,三角形。旗杆高3米、长2米,旗面上均写着"年丰庄善缘老会"的字样。四杆旗由四个小伙扛着,分两路走在会的最前头。"大筛"为两台直径80厘米的大铜筛,两面铜筛分列两队,各有两位会员抬着。边走边敲,意为"鸣锣开道"。走会当天,"大筛"会从老爷庙出发绕村敲三遍。第一遍意在督促村民们起床吃饭，为走会做准备；第二遍督促练角化妆；第三遍迎接各档到老爷庙前集中，准备走会。

开路会：开路即为耍叉，分为文武场。文场负责敲打家伙，武场则负责耍叉。玩角每人一把钢叉，十多人一字排开，边走边耍。年丰庄的开路叉分为三种，即单头叉、双头叉和火叉。会员们能耍多种套路，比较常见的套路有手串、腰串、野鸡脖、小翅手、大翅手、大旋风和摆荷叶等。

少林会：少林会的会员们使用诸如单刀、双刀、棍、棒、红缨枪、七节鞭、三节棍、大烧子、小烧子和宝剑等各式兵器。会员们通常分为单练、双人对打和三人群打等形式进行表演。表演时，文场在一旁根据会员的表演敲打不同的鼓点。

狮子会：与城里的狮子不同，年丰庄的狮子分为黄色雄狮和蓝色雌狮。年丰庄的狮子头大

门旗大筛

开路会

少林会

狮子会

高跷会

十不全

身长，头重约30千克，狮子头上挂着十多个盖柿般大的铜晃。表演时由两人组成，主要表演摔八卦、拜四方、叩头、打滚、挠痒以及互相嬉戏打斗等程式。

高跷会：年丰庄的高跷是用杉木做成的，跷高1.2米，底细上粗。高跷会由12个艺人扮演成12个角色，艺人分成两列，边走边练。高跷会的12个角色分为正副班长、公子、老作子、樵夫、渔翁、农夫二人、大姐二姐二人、傻小子和傻丫头。12个角色手持道具，表演着蛤蟆吸水、小篦笆、大篦笆、四角阵、五角阵、乌龙摆尾、车轱辘钱和抱名柱等程式。

十不全：又称"什不全"，共有9人组成。十不全的道具为一个木头质地红漆的架子，架子宽1.5米、高2.5米，两头雕刻有龙头，中间拴着一对小钵。十不全的架子由一人扛着，他一手敲鼓一手击钵。其他几位角色根据鼓点变换姿势，边走边扭。其余的

吵子会

五虎棍

角色有小姐、浪荡公子、毛官、醉鬼和卖药的等。此外，会档里还有一位歌唱先生，他会根据不同的场景演唱不同的曲调，现编现唱，见景生词。

吵子会：吵子会由三十多人组成，乐器就有12种，包括板鼓、海笛、铛子、钗锅子、锣、铱、铙、挑子、大朴脖行铱、对铱等。吵子吹打的套路有混江龙、海潮云、斗安串、眼乐、燕过沙滩、手串、杂牌等。会员们根据板鼓的手势变换鼓点。

五虎棍：五虎棍由5人组成。会员们均会勾脸。会员们手持棍棒，双方以棍对打，各有名目，表演武松打店等传统故事。

督管、轮值与现年

善缘老会共由十一档花会组成，不仅表演内容与"井"字里的花会不同，组织结构也与城里的香会大相径庭。十一档花会的总头称为"督管"，他统领全局，负责全会的组织、准备、对外联络等工作。

由于全村十一档会都归督管统领，若没有极强的组织能力，一般人很难胜任。此外，督管还必须精通会谱，具备丰富的走会经验，从而带领善缘老会抢洋斗胜。由于走会时需耗费大量的财力、物力，旧时，善缘老会的督管多是村里的地主富绅。

> 那时候走会的就是督管，那是大头，跟现在的党支部似的。督管就是总头，大家都没看见过，就听说老瞎架是个人物。督管没有威信可不行，说话得占地方，就是个牛人物。什么时候走、怎么走，是年丰的、西树行的，他都得把这事给撺掇好了，别出不来了可不行。上外面去走庙会，外面给你打起来了，你镇不住这可不行，兵怂怂一个，将怂怂一窝。

走会时，督管手持红色砖方旗，旗面宽约40厘米、高约60厘米。旗顶为塔形，高约12厘米。旗面外带白色虎牙边，上面书有"年丰庄善缘老会"字样。

"老瞎架"是善缘老会里最有名望的一位督管，相传"老瞎架"姓常，但名字早已被人忘却。村里的长者只记得他是民国时人，那时候村里地主带富农共有18家，"老瞎架"是村里最富裕的一户。尽管是村里的首富，"老瞎架"并不摆架子，而是承担起督管的责任，带领全村村民走会。"老瞎架"本人头脑灵活，反应极快，善缘老会在他的带领下从未出过事。

> 过去我们怀柔走三月二十八天齐庙会。为什么我们这会没人敢惹，县长是我们村的，督管老瞎架是县长常亚东的爸爸，所以说年丰村走到哪里都没人敢惹。过去城门站岗的都

不敢惹，一问是年丰村的，都不敢惹。有一年三月二十八走天齐庙会，我们的狮子把人家的龙给戳了，人家不干，人家找，老瞎架说了："狮子也是野兽，你这龙腾云驾雾，哪能是我这狮子给戳的。"一下子给人家给戳回去了。

除了总督官，会里的另外一个重要职位是"串堂旗"。串堂旗主要负责各档会的联系、调动、演出的顺序、时间安排等工作，同时也负责向各档传达督管的口谕，随时向督管反映各档会的临时情况。由于他经常在各个会档中来回走动，因此被称为"串堂旗"。与督管类似，走会时"串堂旗"也手持会旗，只是所持旗帜的颜色为黄色。"串堂旗"须在走会时临时应对各种情况，必须口齿伶俐、腿脚勤快，在群众中拥有一定的威望。

善缘老会如今的"串堂旗"齐宝田已经78岁了。新中国成立前，齐宝田跟随父亲从山东逃难到了年丰庄，住在了轿子房唐玉的店里，他的父亲在店里帮忙，以此糊口过日子。20世纪50年代，齐宝田的父亲去世，家里只剩他一人。由于一人独住，加之齐宝田又热爱文艺，村里老少都喜欢去他家里吹拉弹唱。那时恰逢村里花会改制成剧团，督管唐福孝便将他招入其中，任命他为善缘老会的"串堂旗"。

除了督管、"串堂旗"外，各档花会还有负责本档花会事宜的会头，称为"头旗"。每档香会的"头旗"人数不等，人数较少的花会只设一名，人数较多的花会则有两名。各档的"头旗"并非固定，而是每年由会档的人轮流担任，也被称为"头旗现年"。具体而言，"头旗"主要负责本档花会的组织、演出人员的安排、道具和服饰行头的更换与添置等事宜，有时也临时充当本档花会表演的教练。走会时，"头旗现年"所持的旗为三角旗，旗子高约45厘米、宽约45厘米，旗边为白色虎牙。

朝顶进香与踩街送圣

乾隆年间，怀柔的东大山（即今平谷丫髻山）每年四月均会举行娘娘庙会，善缘老会每年都会前去进香。

相传有一年庙会，乾隆皇帝正好要到庙里进香。为了讨好皇帝，东大山办了一个花会大赛，年丰庄的善缘老会应邀参加。尽管时间仓促，善缘老会的各个会档均准备充分，唯有吵子会因为吹管子的人气力不够，表现稍弱。于是善缘老会的总督官受东大山庙内和尚的指点，派自家快马连夜到牛栏山元圣宫接来一位和尚。请来的和尚穿上吵子的衣服，随着花会用鼻子吹管子，一口气从山下吹到山上，走了八里地。在这次花会大赛上，年丰庄的善缘老会大放异彩，名声大震，毫无意外地夺得了比赛的第一名。但督管的快马却不堪疲惫，劳累致死。乾隆皇帝看了年丰庄的花会表演后，龙颜大悦，当场赐给年丰庄花会龙旗一面，旗面上题字"年丰庄善缘老会"。此后，村民们便将龙旗奉为善缘老会的坐督旗。每逢走会，总督管便将龙旗插至三官庙和老爷庙前，村民们看到路旁的龙旗，也就知道要走会了。

除了朝顶进香外，踩街也是善缘老会的主要活动。善缘老会的走街从正月十三开始，到正月十五举行送圣仪式后结束。踩街前，善缘老会的各档均在各自的下处化妆，完毕后在北年丰庄的老爷庙前集合。踩街前，老爷庙门口插满了门旗大筛，各档香会按照顺序拜庙上香。整个仪式完毕后，督管宣布起会，此时鞭炮齐鸣、锣鼓喧天，各档香会轮番上阵，各自表演。表演完毕后，各档花会按顺序排列，绕年丰庄自北向南走去，一直走到南年丰的菩萨庙前再往回走，称为

"回香"。回香后,善缘老会一直往回走,直到北年丰的庙前,拜香后各档花会回到下处卸妆。

踩街后的第二天,善缘老会便开始在南年丰、西树行和北年丰三个村子表演。善缘老会献档表演时,村民们要接桌欢迎。接桌当天,村民们在自家宽阔的场地上摆一张桌子,备好烟、茶水、糖果,等候善缘老会前来表演。旧时,不少村民均会组织接桌,有时三天都走不下来,善缘老会便将走会的时间延长。

> 过去几家几户商量下,咱们门口接一桌,就可以拦会。过去各个小胡同,哪儿有桌,都去。串堂旗说着,这胡同有,那有,串堂旗都领着你去。你们这档到这儿,你们快点啊,到那儿了,两串堂旗领着。一直走到正月十五晚上,四天两半宿,如果那个半宿接不完,就接着三开香,意思就是演三场,通宵也要走会。

根据接桌对象的不同,善缘老会"十不全"里的先生还必须演唱不同内容的唱词,即见景说情。先生的唱词不仅要紧扣接桌主人的情况,还必须做到合仄押韵。通常而言,"十不全"里的韵有天仙折、宫清折、来百折、阴沉折和拨梭折。譬如到了药铺,"十不全"里的先生会这样唱道:

> 锣鼓一住便开言,口尊声张先生您在上面贵耳听言,今天我们来走会,花些个银钱把会拦。

此后,先生根据韵仄现编现唱,直到演出完毕。

改革开放后，随着生活水平的提高，村民们接桌的档次逐渐提高，以往的几个馒头、一壶茶水已被高档烟酒取代。随着近年来善缘老会规模的扩大，整个会档扩大到三百多人，接桌一次的开销均在2000元以上，除了村委会和村里的大型企业，很少有普通村民能够负担得起接桌的开支。2010年的走会，仅有北年丰、西树行和建筑公司王辅军接桌。西树行在正月初四接桌，北年丰和建筑公司则集中在正月初六。接桌时，各档香会轮流表演，演出完毕后，桌上的茶水、烟、糖、瓜子分给各档香会的负责人，由他们再去分配。

善缘老会的送圣仪式在正月十五下午举行。旧时送圣，善缘老会全体会员均到老爷庙前列队聚齐，督管手持一黄纸表文，念完后将其烧掉。此后，鞭炮齐鸣，所有会档一起起响。如今的送圣仪式由村书记主持，烧表仪式已被书记致辞取代。在书记致辞后，善缘老会开始燃放鞭炮，各档花会轮流表演。

送圣

6. 南安河棍会

善缘老会与棍会

南安河村地处妙峰山麓、城子山下。由于当地泉水资源丰富，土地适宜耕种，很早就有村民定居于此，南安河村也成了远近闻名的富庶村落。富裕的南安河村民企盼丰稔人安，便崇神敬佛。早在辽代，村民邓从贵舍钱30万缗修建大觉寺，元代时村里又建有三官庙，明代建有东岳娘娘庙等十多座庙宇。随着庙宇的兴起，事佛的香会组织应运而生，清代后，南安河村形成了善缘老会这一进香组织。善缘老会正式诚起于清代，全称"顺天府宛平县玉河乡南安河村善缘老会"。南安河善缘老会由十三档香会组成，分别为娘娘驾会、老爷旗会、佛会、大督（纛）旗会、中军（打锣）、音乐会、缝绽会、狮子会、炮会、幡会、大鼓会、锅子会、棍会。各个会档程式如下。

娘娘驾会：娘娘驾形如轿子，木架选珍贵檀木制造，做工精细，漆红描金。帷帘红底儿绣凤凰牡丹，富丽堂皇。旧时，会员们抬着娘娘驾前去妙峰山进香。

老爷旗会：众会员高举一根高大旗杆，旗杆上悬挂一面绣着关老爷像的大旗。

佛会：又叫号佛会。号佛会由14名男子组成，他们高唱佛号，音调高亢，唱腔古奥，颇为古老。

大督(纛)旗会：大督旗是三角形带火焰边黑底黄色北斗七星大旗。十多位会员抬着大督旗，组成大督旗会。

中军：也称"神耳"。四人各挎一面大锣，四面大锣在行进中敲出节奏。

音乐会：主要以乐器演奏为主要内容，乐器有云锣、笙、管、笛、唢呐、镲、钹、小鼓等。

缝绽会：由从河北、天津等地来的鞋匠组成。会期前几天，鞋匠们会背着自己的修鞋工具，到南安河村东关帝庙集合，拜老都管为师。经过短期培训，方可随本会朝山进香。缝绽会在进山行程中，义务为布鞋开绽的香客缝鞋。

狮子会：所耍的狮子头个头大，分为蓝黄亮色，是传统的北狮表演。

炮会：炮由一根长铁杆接个铁筒构成。铁筒内填充火药，走会时点火放炮。炮响三声，拔营起寨。

幡会：又称为中幡、大执事。幡是一丈三尺高的竹竿上悬挂着带火焰边幡面，上面绣着会名、创建年月，或者绣八仙、关公、十八罗汉等。中幡表演要求练手不扶幡竿，幡在掌、趾、头、肘、腰、牙、眉等各部位变换位置，练手之间相互抛接，都能保持直立不倒。动作惊险刺激，表演难度大。

大鼓会：又叫挎鼓会，由八面大鼓组成，在行进中或在拜驾时，有节奏地敲击，走会时排在队伍的最后。

锅子会：锅子会由多名儿童组成，他们手持铜钹，边敲击铜钹边舞蹈，变换各种队形。

棍会：南安河棍会以齐眉棍、棒子、梢子、三节棍代表各种兵器，表演《水浒传》中"十字坡武松打店"的内容。

旧时，南安河善缘老会每年都到涿州娘娘庙进香。除了涿州娘娘庙会外，南安河善缘老会每年还会参加本村城子山东岳庙庙会以及温泉村庙会、白家疃庙会、东小营东岳庙庙会等。每年正月十五元宵节，南安河善缘老会还会到附近各村"打灯山"。

1937年秋，随着日军的入侵，南安河村善缘老会的活动逐渐中止。在局势稍微平稳后，善缘老会也偶有活动。当时，中幡、大鼓、狮子、娘娘驾等十一档会的行头封存在村东关帝庙大殿里。1947年冬，关帝庙里驻扎着国民党自卫队。一天夜里，我党区小队放火烧自卫队驻地，存在庙里的各会行头也被焚烧一空。此后，南安河善缘老会完全停止了活动。由于音乐会的家伙（乐器）存放在村民张亮家，新中国成立后，音乐会成为村里歌剧演出的伴奏乐队。棍会旗帜、文场家伙、武场行头存放在村民魏元家，棍会在中断活动13年后，即1960年，又重新组织恢复了活动，成为南安河村善缘老会唯一能够传承的会档。

南安河棍会的诚起与传承系谱

南安河善缘老会十三档会之一的棍会，诚起于清光绪二年（1876年），是由本村赵、李、王、冯、张、魏、徐等八家自筹资金发起成立的。相传清同治末年，皇宫太监在村西建成西庙元通观。南安河善缘老会在太监的支持下，决定诚起棍会。由于村里没人能教，而当时恰逢白家滩村有"武松打店"棍会，善缘老会选派数人到白家滩村去偷偷学艺，每人紧盯记住一角的动作，回村后汇集连排，终于学会了全套动作。此后，南安河善缘老会每年四月初八到妙峰山进香都有棍会在前开路。

棍会的总负责人是会首，俗称"把头"，尊称"都管"。副会首有负责教授演练的"教习都管"、负责会计事务的"钱粮都管"、负责对外联络的"前引都管"。都管下面设司事。棍会的教习都管在演出时掌锣鸣号。都管、司事手里都拿着"拨旗儿"。司事在武会表演时，站在观众前列，维持场地秩序，保护观众安全。

新中国成立后，南安河棍会恢复了活动。每逢春节，棍会都会在村里踩街献档，同时也应邀前去其他村子演出。1953年，南安河棍会参加了海淀大街的春节走会。1954年，南安河棍会参加了北京市文化局在长安大戏院举办的民间艺术观摩演出，获得锦旗一面。随着"四清"运动的开展，棍会的活动被当做反动会道门的外围组织，南安河棍会的活动逐渐中止。直到1978年"文革"结束，村民阎金生组织南安河小学学生学棍，中断15年的棍会才又继续传承。棍会活动的恢复得到了村民们的热烈欢迎，当年棍会即参加了海淀区组织的颐和园五一游园活动。1990年，在村民李广顺的召集下，南安河善缘棍会得以重整。尽管面临着缺家伙、少服装等多种困境，但村民们对善缘老会的恢复格外热情。他们自掏腰包，购置锣鼓钹镲，缝制服装，更有会员翻山越岭，到深山去砍伐适合表演的木棍。此后，每年春节，善缘老会都会出来活动。2000年农历四月初一，在会首李广顺的带领下，棍会重登妙峰山，参加门头沟区组织的民间花会表演。之后连续五年到妙峰山进香。2009年腊月，棍会重新举行了献档，村民们协商推举赵云连任会首，张久仁任教习都管，刘士金任钱粮都管。

南安河棍会前往妙峰山朝顶进香

南安河善缘老会的传承系谱如下。

  首代：清光绪二年（1876年）。老辈相传是张、王、李、赵、魏、冯、徐等八家自筹资金组会。由于1876～1920年缺少详细记录，无法按代记录。约1920年有记录始定为第一代。

  第一代：约1920年，会首练儿为高海、徐德荣、徐万昌之父、冯大门、赵生（小五爷）、张忠、魏元、王起云。

七 当代北京香会群像 | 129

第二代：1937年前，文场有魏德林、张明、刘志刚、宋玉章、李德明、丁贵、郭玉润、郭玉珍、贺春、王长海，武场有李森、王富、徐德忠、王龙、王世清、丁进明、丁进财、魏长安、赵德荣、李龙、王全、赵德财、冯殿元、魏长旺、徐德平。

第三代：1950年后，郭春田、李广瑞、李广顺、李德旺、冯元通、魏长河、王进才、冯元志、徐万富。

第四代：李广生、冯文成、魏玉明、徐万准、岳占沪、张纪生、巴德贤、张久才、岳占宁、丁亮、李培基。

第五代：1955～1960年，王文智、王文祥、李万田、王振玉、丁富瑞、丁顺、张久仁、王厚仁、王世安、李培华。

第六代：1960～1963年，丁富山、阎金生、冯玉龙、徐万宽、王世田、徐连宝、李万生、赵昆、岳永义、贺宽、冯庆、王世瑞、赵云、李万义、徐德群、徐连泉、魏玉清、岳占川、李德金。

第七代：1978年后，文场有刘世金、甄付旺、徐万利、徐德旺、李广顺、丁顺、李培华、魏玉清、李万生，武场有李长青、徐连胜、徐连国、李长兵、甄玉海、王云、王雨、姚大龙、李山、王世东、魏全力、张山、李胜利、王杰、张玉田、张义。

第八代：1991年，徐立虎、张琦、张博、赵洪生、赵东民、赵瑞峰、王凯、王涛、王赫、张宇、张浩、徐林。

南安河善缘棍会的表演程式

棍会活动前,要举行祭棍仪式。会员们把棍会使用的齐眉棍、梢子立在村东关帝庙大白果树下,用五杆梢子搭成尖锥状。此后举行降香仪式,即由会首燃香,香烟升腾。接着上表(现在以大张黄钱代替),献上钱粮,祈求顺利平安。此后,武场化妆列队肃立,文场演奏"三拜佛",武场人员随"三拜佛"鼓点三次行礼。武场人员行礼时,左手执竖杆立正,锣响,随鼓点"咚卟咙咚措措措措"下蹲,右手掌心向外画弧,手举至额上方,站起,右手放下,回立正状。旧时,本村过年和灯节设灯棚四个,每逢年节,棍会要在村里踩街。棍会从东庙出发,先后到小街、后街、西庙角、前街灯棚,在各灯棚表演。新中国成立后,灯棚被取消。村中走会时,有民户设茶桌,备茶水、糕点、糖果之类,请会表演。表演后,棍会向民户致谢,文场奏"三拜佛",会众行举手下蹲礼。

南安河村棍会表演内容是《水浒传》第二十七回"母夜叉孟州道卖人肉,武都头十字坡遇张青"。主要人物除了武松、张青、孙二娘外,更增设一名丑角毛楞儿,为孙二娘店中伙计。棍会的主角有武松、孙二娘、张青、毛楞儿,配角有四丁卒。武松做武生俊扮,脸颊揉红,印堂勾红,勾黑眉眼。他头戴黑素软罗帽,额插面牌,右鬓别白底蓝绒球,身着密缀三排白纽袢绿水边的黑素侉衣,身勒紫色绦子,腰系明黄鸾带,下身穿紫红灯笼裤。张青

武松扮相

张青扮相

孙二娘扮相

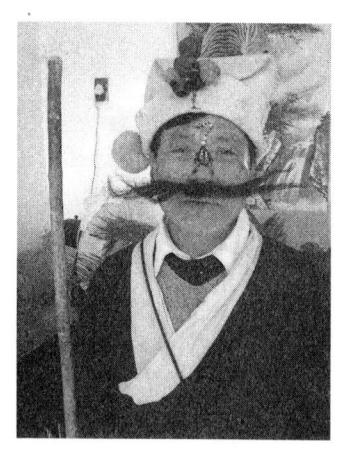

毛楞儿扮相

净角勾黑脸，黑眉黑眼窝，额桃叶红。他头戴扎巾，额插面牌，口戴黑满髯，右鬓插大黄绒球，身着杏黄色镶黑边云头对襟袍衣，勒橙黄绦子，腰系紫红鸾带，下身穿紫红色灯笼裤。孙二娘旦角俊扮，打粉白底，腮揉红，唇勾红，上唇形薄短，下唇近圆点形。她头包软巾，鬓插绢花，身穿粉红黑边袍衣，腰系粉绿软巾，下身穿葱绿灯笼裤。毛楞儿丑角勾小花脸，鼻梁白底上画蝎子，蝎子头朝下，左太阳穴贴膏药。他头戴白色软毡帽，右鬓插黄绒球，口戴倒"八"字胡子，身穿明蓝袍衣，勒白色绦子，腰系紫红鸾带，下身穿浅蓝灯笼裤。四丁卒俊扮，勾眉眼，脸颊、嘴唇涂红。他们头戴硬花鬃帽,额插闪亮茨菇叶,身着绿水边黑素侉衣,勒白色绦子。腰系紫红鸾带,下身穿紫红灯笼裤。

棍会练儿们使用的武术器械有齐眉棍、梢子、棒子、三节棍等。长棍的棍长依演员身高而定,一般均到演员的眉毛处,俗称齐眉棍。短棍又称棒子,较齐眉棍细,一副两根,棍长0.8米。梢子包括长短棍各一,以铁制箍头和锁链连接,长棍约1.2米,短棍约0.37米。三节棍包括0.4米的长棍三根,以铁箍头和锁链连成一体。

丁卒扮相

除了武场外,善缘老会的文场家伙包括大锣一面、堂鼓一面、钹二至四副、铙一至二副、铞子一副。善缘老会献档时,文场只在一旁伴奏,并不吟唱。

棍会表演程式有对打、双对打、群打等多种形式。棍会献档表演时,要求练儿们手疾眼快,勇猛果敢。节奏准,速度快,击打狠。棍棍相击,"噼啪"作响,火爆激烈。由于练儿们经常训练,动作力度太大,以致棍棒时常被打断。

具体而言,善缘老会的武打程式如下:首先列队出操,全体表演者上场。此后则是对打。首先是单对打,由两名表演者上场,各执一种武器对打。完毕则是轮流对打,单对首先上场,对打后一方下场,另一方迎新上场角色对打,依次轮流数次。最后是群打,即练儿们分五人组、六人组,通常由分组的二或四名主角与四丁卒对打。败退的一方先下场,胜利一方后下场,并有收场动作。

旧时棍会亦会表演三节棍、关王刀、小管擒枪、七节鞭等程式,亦会穿插武术表演。随着老会员的故去，这些程式均已不复存在。

棍会的文场亦有一定的程式。大锣是文场的总指挥，筛锣两响，文场即开始奏乐。鼓为文场指挥，鼓声起，钹铙随。鼓止，钹铙即止。鼓钹声起，鸣锣一响，武场操练开始。操练者随每锣一响，做下一个动作。跟随操练者击打节奏的快慢，鼓钹声有轻重缓急，烘托场上气氛。由于操练者随鼓点节奏击打，动作整齐化一、出手不误，既保证了安全，又使表演节奏一致，击打激烈、动作美观。

棍会武场献档

参考文献

1 北京市社会科学研究所.北京历史纪年[M].北京：北京出版社，1984.

2 陈学霖.刘伯温与哪吒城[M].北京：生活·读书·新知三联书店，2008.

3 陈永龄.平郊村的庙宇宗教[D].燕京大学社会学系.1946.

4 杜佑.通典（卷25）·诸卿上[M].北京：中华书局，1988.

5 富察敦崇.燕京岁时记[M].北京：北京古籍出版社，1981.

6 姜德明.书边梦忆[M].北京：中华书局，2009.

7 冯尔康.中国社会结构的演变[M].郑州：河南人民出版社，1994.

8 顾颉刚.妙峰山（影印本）[M].上海：上海文艺出版社，1988.

9 金受申.北京通[M].北京：大众文艺出版社，1999.

10 金勋.妙峰山志[M].北京：首都图书馆影印本，2008.

11 刘辉.花会组织与乡土秩序的建构——朝阳区太平同乐秧歌圣会研究[J].中国社会发展网.

12 罗香林.碧霞元君[J]//民俗（妙峰山进香调查专号）.1929：69～70.

13 沈榜.宛署杂记（卷十七"土俗"）[M].北京：北京古籍出版社，1983．

14 首都图书馆北京地方文献中心.妙峰山地区历史文献专题资料汇编（第四册）[C].北京：首都图书馆北京地方文献中心，2004.

15 孙景琛、刘恩柏.北京传统节令风俗和歌舞[M].北京：文化艺术出版社，1986.

16 史旺成.五台山史话[M].太原：山西人民出版社，1985.

17 汤用彬，等.旧都文物略[M].北京：书目文献出版社，1986.

18 王铭.北京的民间走会[M]//北京史苑（第四辑）.北京：北京出版社，1988.

19 王晓莉.碧霞元君信仰与妙峰山香客村落活动的研究——以北京地区与涧沟村的香客活动为个案[D].北京：北京师范大学，2002.

20 吴效群.妙峰山：北京民间社会制度的历史变迁[M].北京：人民出版社，2006.

21 谢重光，白文固.中国僧官制度史[M].西宁：青海人民出版社，1990.

22 杨米人，等.清代北京竹枝词[M].北京：北京古籍出版社，1982.

23 岳永逸.空间·自我与社会：天桥街头艺人的生成与谱系[M].北京：中央编译出版社，2007.

24 中国民族民间舞蹈集成编辑部.中国民族民间舞蹈集成（北京卷）[M].北京：中国ISBN中心，1992.

25 张淑媛，张淑新.金銮殿朝夕——八旗、太狮、嚎丧鬼[M].北京：中国城市出版社，1996.

26 张正明，科大卫，王勇红.明清山西碑刻资料选[M].太原：山西人民出版社，2005.

图书在版编目（CIP）数据

幡鼓齐动进香来：老北京的香会 / 张青仁编著. — 郑州：中州古籍出版社，2015.3
ISBN 978-7-5348-5078-3

Ⅰ.①幡… Ⅱ.①张… Ⅲ.①风俗习惯－北京市 Ⅳ.①K892.41

中国版本图书馆CIP数据核字（2014）第272298号

华夏文库·民俗书系
幡鼓齐动进香来：老北京的香会

总 策 划	耿相新　郭孟良
项目统筹	单占生　萧　红（执行）
责任编辑	翟羽佳
责任校对	翟　楠
美术编辑	王　歌
版式设计	曾晶晶
封面设计	新海岸设计中心
责任印制	刘新毅

出　版	中州古籍出版社
	地址：河南省郑州市经五路66号
	邮编：450002
	电话：0371-65788808　65788179
经　销	新华书店
印　刷	河南新华印刷集团有限公司
版　次	2015年3月第1版
印　次	2015年3月第1次印刷
开　本	960毫米×640毫米　1/16
印　张	9.5
字　数	114千字
印　数	1—3000册
定　价	25.00元

本书如有印装质量问题，由承印厂负责调换